U0640522

科学探索小实验系列丛书

揭开科学神秘的面纱

宫春洁　杨春辉　何　欣 / 编著

吉林人民出版社

图书在版编目(CIP)数据

揭开科学神秘的面纱 / 宫春洁, 杨春辉, 何欣编著
. -- 长春 : 吉林人民出版社, 2012.7
（科学探索小实验系列丛书）
ISBN 978-7-206-09172-8

Ⅰ.①揭… Ⅱ.①宫… ②杨… ③何… Ⅲ.①科学知
识－普及读物 Ⅳ.①Z228

中国版本图书馆 CIP 数据核字(2012)第161400号

揭开科学神秘的面纱

JIEKAI KEXUE SHENMI DE MIANSHA

编　　著：宫春洁　杨春辉　何　欣
责任编辑：周立东　　　　　　　封面设计：七　洱
吉林人民出版社出版 发行（长春市人民大街7548号　邮政编码：130022）
印　　刷：北京市一鑫印务有限公司
开　　本：670mm×950mm　　　　1/16
印　　张：12　　　　　　字　　数：138千字
标准书号：ISBN 978-7-206-09172-8
版　　次：2012年7月第1版　　　印　　次：2023年6月第3次印刷
定　　价：38.00元

如发现印装质量问题,影响阅读,请与出版社联系调换。

前　言

主题情节连连看

《科学探索小实验系列丛书》中的七个主题范围能够帮助你了解本书的内容。

第一个主题"揭开科学神秘的面纱"，介绍了科学的本质和科学研究方法中的基本要素，例如：提问题、做假设或进行观察。活动中有许多谜语和具有挑战性的难题。"情景再现"系列由一组科学奥林匹克题组成。

第二个主题"探索物质和能的奥秘"，介绍了许多基本的科学概念，例如：原子、重力和力。这个主题涉及物理和化学领域的一些知识。"情景再现"系列包含比任何魔术表演都更有趣的科学表演——因为你明白了这些"把戏"的秘密。

第三个主题"探索人类的潜能与应用科学"，涉及生理学、心理学和社会学等方面的知识。"情景再现"系列则着眼于人类基本的视觉、听觉、触觉、嗅觉和味觉。应用科学讲述的是工艺学和一些运用科学来为我们服务的方法。"情景再现"部分集中研究飞行，也包括几种纸飞机和风筝的设计。

第四个主题"探索我们生活的环境"，从简单环境意识的训练入手，接着是讲述生态系统的运作原理，最后以广博的"情景再现"系列结束。这一系列讲述了许多我们面临的环境问题，这个系列的一个重要特征是它包括有关判断和决策的各项活动。

第五个主题"探索岩石、天体中的科学"，涉及地质学的知识，即对地球内部和外部的研究，简单的分类活动也被列在其中。"情景再现"系列讲的是岩石的采集，包括采集样本、测试和分析。有关天体讲述的是浩瀚宇宙中的地球。活动范围覆盖了天文学和占星术，包括有关月亮、太阳、恒星和其他行星的知识。

第六个主题"探索生物中的科学"，运用了比岩石、天体部分更进一步的分类技巧，这是因为对生物进行研究，难度更大。"情景再现"系列讲述了绿色植物、真菌和酵母的培植。研究动物包括哺乳动物、鸟类、昆虫、鱼类、爬行动物和两栖动物。活动的范围从某类动物的特征和适应能力到对不同种类动物的对比。"情景再现"部分集中于对动物的观察。观察的办法是去它们的栖息地或让这些动物走近你，例如：去昆虫动物园。

第七个主题"探索天气中的科学"，始于有关空气特性的活动，而后是有关雨、云和小气候的活动。"情景再现"部分讲的是如何建造和使用家用气象站。

阅读与应用宝典

《科学探索小实验系列丛书》是一套能够帮助中小学生去探索周围神奇世界的综合图书，书里面收集了大量的需要亲自动手去做的实践活动和实验。

《科学探索小实验系列丛书》可以作为一套科学的入门宝典。书中包括许多有趣的活动，效果很好。为了使家长和教师能够更加方便地回答学生们提出来的问题，本书在设计上简明易懂。同时，书中的设计也有利于激发学生们提出问题。

《科学探索小实验系列丛书》以时间为基础分为三个主要部分的原因。"极简热身"是一些短小的活动。这些活动很少或不需要任何材料。许多这类活动可以在很短的时间内完成。极简热身通常就某一主题范围介绍一些基本概念。"复杂运动"需要一定计划和一些简单的材料，完成这种活动至少需要半个小时。复杂运动经常深入地解决重要主题范围内的一些概念。某一特定主题范围内的"情景再现"活动是相辅相成的。这些活动突出此主题范围的一个中心或最终完成一项完整的工程，例如：一个气象站。如果愿意的话，你可以独立完成这些活动。"情景再现"活动需要一定计划和一些简单的材料。

《科学探索小实验系列丛书》囊括了科学研究的所有基本方面，被划分成七个主题范围和四十个话题。如果要集中研究某个特定的主题，那么仔细查阅一下那个主题范围内的所有活动。如果你只是在查找有关某一主题的资料和事实，可以挨页翻看带阴影的方框中的内容。总之，每页的内容都是在前些页内容的基础上形成的。

除了主题之外，《科学探索小实验系列丛书》又被分为四十个话题。这些话题为各主题内部及各主题之间的活动提供了概括性的纽带。活动的话题被列在这个活动中带阴影的方框的底部。与活动联系最为紧密的话题被列在第一位，间接的话题被列在后面。

《科学探索小实验系列丛书》中的主题部分可以帮助教师，使活动适应课程的需要。但是由于本书主要是以时间为基础进行划分的，所以按主题范围划分的重要性就被降低了。而且，由于现实世界并没有被划分成不同的主题范围，所以学生们的兴趣也不可能完全一下子从一个主题范围内一个活动跳跃到另一个主题的活动上去。因此，各种话题可能要比划分出来的主题范围更为重要。重要的原因还在于它们能够鼓励一种真正地探索科学的精神。有时有的活动可能引发出与此活动相关，但是在此活动主题范围以外的问题，也可以把各个话题作为检索《科学探索小实验系列丛书》的一种途径。有时，通过不同途径重复进行同一种活动，会有助于学生全面了解事物。各类话题使你将各种活动看作一个有机整体。各种活动相辅相成，有助于学生加深理解，增长见识，培养兴趣。同时在总体上会使学生对科学持一种积极的态度。

《科学探索小实验系列丛书》在每个篇目中都安排了一个活动，主要是通过在每个实验步骤中出现的各种问题来激励深层次的思考。书中大多数活动都是开放型的，允许有各种可行的、合理的结论。每个活动的开头都有两行导语，接下来是活动所需的材料清单和对活动步骤的详细描述。有关事实与趣闻的小短文遍布全书，里面的内容包括奇妙的事实和可以尝试的趣事。

《科学探索小实验系列丛书》中的活动范围从实物操作、书面猜谜、建筑工程到游戏、比赛和体育活动不等，其中有些活动需要合作完成。有些活动是竞赛，还有一些活动是向自我提出挑战。

研究科学不需要正规的实验室或昂贵的进口材料。对学生来说，这个世界就是一个实验室。人行道是进行一次小型自然徒步旅行的绝妙地方。他们可以在教室的水槽里做有关水的实验，把窗台变成温室或观测天气和空气污染的地方。他们可以用厨房的一个角落来培植霉菌和酵母。

因此，《科学探索小实验系列丛书》中所用到的材料都不贵，而且都很容易就能找到。其中一些材料需要你光顾一下五金或园艺商店,但大多数材料在家里就可以找得到。

有效使用《科学探索小实验系列丛书》的一种方法是制作一个用来装科研材料的箱子。带着这个工具箱和这本书,你就可以随时随地地进行科研活动了。工具箱内应装有在《科学探索小实验系列丛书》中需要的简单材料,如塑料袋或容器、放大镜、纸、铅笔、蜡笔、剪刀、吸管、镜子、绳子、雪糕棍、松紧带、球、硬币、水杯,等等。

《科学探索小实验系列丛书》被设计成一本有趣易懂的书——它从书架上跳下来,喊道:"用我吧!"

寄语教师与家长
——提高科学研究的质量需要寓教于乐

教师和家长们一方面一直在寻找激起孩子好奇心的方法,另一方面又在为满足孩子的好奇心而努力地指导他们。"好奇心"不只是想去感知的冲动,而是要去真正理解的强烈愿望。科学研究的目的就是要了解这个世界和我们自己。科学研究中的好奇心是指能够转变成追求真知的好奇心。

罗伯特·弗罗斯特(Robert·Frost)说过,"一首诗应该始于欢乐,终于智慧"。这句话对包括严谨的科学在内的其他创造性思维同样适用。"始于欢乐",有趣的科学活动充满了吸引力,让人流连忘返。"终于得到智慧",科学活动也会起到教育的作用。

中小学生是为了成为21世纪高效、多产的合格公民,需要在发展的生活中获得必需的科学认知能力。无论是男女老少,住在城市还是乡村，从事脑力劳动还是体力劳动，科学研究对每个人来说都很重要。正是因为有了科学，我们才发展到今天。科学研究创造了我们享受的舒适，也提出了我们必须解决的问题。明智地使用科研成果能够把世界变得更加美好，而胡乱地利用它们将会导致全球性的灾难。

学习科学要进行智力训练。与其他许多事物一样，人们在幼年时期就必须接受智力训练。如果学生没有学会科学的、系统的思考方法，那么他们长大后就会盲目地接受别人的观点，把科学和迷信混为一谈，轻信武断的决定而不是相信成熟的见解。

与语言、艺术、数学和社会学相比，人们对科学研究的重视程度较低。在许多小学，与科学研究相关的学习时间每周只有几个小时，学生对科研的兴趣降低了，人们对与科研相关学科课程发展的支持也明显减少了。今天，调查感叹科学教育的不足，社会发展对熟练科技人才的需求，计算机的日益普及和严重的全球性的环境问题，使人们看到了社会重新对科学研究产生兴趣的希望。

在某种程度上说，提高"科学认知能力"意味着鼓励更多的中小学生认知科研事业的重要性。现在，科研及其应用比以往任何时候发展得都要快。我们需要更多的科学家、技术人员和工程师在未来的复杂世界中发挥作用。

更为重要的是，对科学的认知能力要求我们认识到科学研究并不只是由专家们来为我们做的，而是要求我们去亲自实践。科学读物中的理论知识与真正理解之间是脱节的。没有人们的理解和热心钻研，这些知识只是潜在的，而不是真正被掌握的人类知识。为了能够跟上社会发展的步伐，每个人都应该具备相应的科学知识。科学的认知能力也包括能够运用基本的科学技巧做出明智的决定。在科技发达的社会里，科学的决策推动着生活的进步。我们应建更多的原子能工厂吗？哪些疾病的研究应获得科研基金？应该控制世界人口吗？怎样看待试管婴儿和代理妈妈？

对科学的认知可以从一本介绍科研活动的书开始。科学活动能够使学生获得一种可以控制不断变化的，充满问题的世界的感觉。首先，这些活动为学生提供了一个学做具体事情，从而改善世界的机会。例如：有关环境的活动使学生们知道他们可以马上采取哪些行动来保护环境。其次，科学活动能够让学生亲自体验哪些办法行得通，哪些行不通。例如：学生可以直接比较水和醋在植物生长过程中起到的作用。第三，科学研究可以帮助人们理解事物，消除恐惧和疑惑。例如：飞机上升时耳朵有发胀的感觉会使你感到惊慌。当你明白了为什么会出现这种情况并知道如何缓解压力的时候，就会好多了。第四，科研活动能够让你更加深刻地认识到这个世界确实十分奇妙。例如：为什么割了手指会感到疼痛，而割到指甲时不会感到疼？最后，科学活动通过鼓励积极参与和培养个人责任感来平衡学生在依赖电视这一年龄阶段所形成的被动观察。

科学研究是对世间奇迹的探索，这一点学生们认识得最深刻。每位中小学生都可以被看作是未来的科学家。学生们想弄懂所有的事情。一旦他们找到了一位知晓一切的人——通常是父母或老师——他们便源源不断地提出问题。想要了解事物如何发展变化以及这个世界的存在方式是一件正常的事情。在最基本的层次上，科学讲的就是这个。科学家只不过是一些专业人员。他们所从事的研究，学生们都能够自然地做出来。科学家的内心活动实际上与学生们的一样。学生实际上就是小科学家。

研究表明，家长和小学教师（与高中教师相反）在使学生对科学研究产生兴趣这一点上，由于他们自身的疑问和好奇心以及他们敢于承认自己专业知识的缺乏，使他们在指导学生进行科学实践的过程中占据了优势。这也与他们鼓励学生与他人分享想法和经验有关。

科学不能光靠空谈，还必须亲自动手去做。学生在主动的，需要动手的环境中更能兴趣盎然地进行学习。研究表明，动手实践能使学生的能力在科学研究和创造性活动中得到大幅度的提高；实践活动也提高了学生在感知、逻辑、语言学习、科学内容和数学等方面的能力，同时也改变了他们对科学研究和科学课的态度。更为有趣的是，人们发现那些在学习上、经济上或两个方面都略显逊色的学生们在以实践活动为基础的科研中获得了很大收益。

有时，让学生直接与被研究对象接触是非常方便的。例如：他们能直接利用光来制造阴影。而另外一些研究对象（如恐龙和其他行星）无法使学生获得直接经验。此时我的脑子中就闪出了这样的想法：得让学生们积极地参与进来。于是，故事和戏剧等形式被融入活动之中，来代替直接经验。

进行科研活动常用的一种好办法就是分三步走的"循环学习法"。对科研实践来说，循环学习法是一种简单有效的方法。它始于20世纪60年代，是由美国国家科学基金会赞助发起的。它是科学课程完善性研究的一部分。作为一种使学生们直接主动地进行科研实践的教学策略，它已初显成效。

在循环学习法中，学生在接触新的术语或概念之前，要先完成一个活动。其目的是让学生通过他们的个人亲身经历，逐步形成并不断加深对这些知识的认识。学生可以在一种结构严谨，并且灵活多变的方式中开始探索，进行活动。接下来是对活动进行讨论。最后一步是重复这个活动或活动中的某些形式，以使学生们能够把新学的概念运用到实际当中。

循环学习法的第一步，初步接触活动，是让学生们去发现新的观点和材料。当学生们初次进行某项活动时，他们便获得了建立在实践基础上的科学概念。游戏是获得信息的基础，而且概念的培养也离不开直接的动手实践。学生们有能力去观察，收集材料、推理、解释和进行实验。在必要的时候，教师或父母可以充当监督或咨询的角色，通过提出问题来帮助学生们完成活动，千万不要告诉学生们去做什么或给出答案，不要使孩子们产生一定要做对的压力，而是要使他们专心于做的过程。

举一个利用循环学习法来使用《科学探索小实验系列丛书》的例子。假设你对植物这个主题感兴趣，你可能在"情景再现"这一部分找到相关活动。这一循环的第一步包括一个有关种子的活动。首先展出不同的种子并让学生们用放大镜去观察和比较。在第二步，你与学生们讨论他们的观察结果，并列出他们所观察到的种子的物理特征。然后可以让他们读本有关种子的书。在最后一步，让学生们继续深入研究种子。如把不同的水果切开，比较它们的种子，或者甚至可以把利马豆浸泡一夜后进行解剖。

接下来便到了讨论阶段。通过讨论，可以帮助学生发现实践活动的意义所在。而且，学生在进行观察并形成了某种看法之后，也急于与别人交流，把他们的发现公之于众。

可以在讨论过程中使用《科学探索小实验系列丛书》中的背景知识介绍基本概念和词汇。书中的信息如果能和其他资料，如教科书、词典、百科全书、视听辅助手段等相结合，还可以不断地拓展、丰富。书中有些背景注释为了适合青少年学习，可以稍作改动。不过，如果使用的语言过于简单，它就不具有挑战性的研究价值了，学生们也就不可能重视隐含在字面之后的概念。

讨论应在自由开放的氛围中进行。交际能力使讨论充满活力和具有成效是非常重要的。

发展主动的听力技巧。重述学生们的话，向他们表明你一直在听，而且明白他们的意思。

提出非限定性的问题。如"你是怎么看的?""发生了什么……?""如果……会怎样?""怎样才能发现……?""怎么能确定……?""有多少种方法能够……?"

当学生们提出问题时，让他们再仔细考虑一下这些问题。要求他们提供更多的信息和实例，鼓励他们去描述，让他们作出尽可能多的答案，而不是只停留在某个唯一"正确"的答案上。

让学生们评估他们的发言。各组可以列出他们的优点和缺点。

当然，所有这些必须由教师或家长组织练习并且使之与参加活动的学生们的层次相适应。一旦你与学生们就某项活动的讨论获得成功，学生们就可以重复这项活动，这样做给学生们提供了应用理论的机会。每进行一项活动，他们都会在更深的层次进行研究，获得新的发现，使理论得到强化。循环学习法的最后阶段可以作为一项新的活动的起点。学生们可以通过进行新的活动来扩充现有理论。

出版《科学探索小实验系列丛书》的目的就是为了鼓励这些学生。更重要的一点是，要让家长、教师和学生把握什么才是真正的科学。仅仅为了完成教学任务，而"填鸭式"地将知识灌输给学生，从长远意义上来说，是对学生是有害的。学生科学认识能力的提高，并不在于学了多少，而是要看学习的方法。《科学探索小实验系列丛书》鼓励培养学生对科学的洞察力，对概念的理解能力和高度的思维技巧。

十个基本步骤掌握科学方法

要用科学的方法组织科研活动。使用科学的方法就像侦探调查神秘的案子一样。科学的方法实际上是组织调查研究的计划。它实际上不是一整套需要遵循的程序，而是一种提问和寻求答案的方法。

1. 确定问题。决定你究竟想了解什么。尽管开始时可以产生几个相关的问题，但最终要把它们归纳成一个可以进行初步探究的具体问题。你无法用真正的火箭去做实验，但是却可以用气球来研究火箭的工作原理。

2. 收集与问题相关的信息资料。这部分属于研究的范畴。研究可以激发直觉的产生，而直觉又在科学研究中起到了关键的作用。直觉是在大脑下意识地作用于积累的经验时产生的，它随时随地都会出现。尽管大多数情况下直觉是错误的，但它也有正确的可能。因此我们必须通过实验来验明真伪。

3. 接下来对问题的答案进行猜测。这一步被称为"假设"。

4. 找出变量，即那些可以改变和控制的东西。这通常是科学方法中最难的部分。它要求对假设进行仔细的分析。在不同的试验中，至少有一个变量需要改变。同时，无论你在改变的变量重要与否，总有一些变量得保持不变。例如：你正在研究用盐水浇灌植物的效果。你手中有两株植物，你用完全相同的办法培育它们：同样的种子、土壤、日照和温度等，这些是控制不变的变量。这两株植物唯一的区别是其中一株是用自来水浇灌的，而另一株则是用盐水浇灌的，这些就是被控制变化的变量。

5. 决定回答问题的方法。详细写出你要做的每一步，不要假设或省略那些似乎"明显"的步骤。

6. 准备好所需的材料和设备。

7. 进行实验，记录数据。一定要准确测量和记录数据。通过重复实验来检查数据的准确性是很有用的。

8. 对比实验结果和假设。看二者是否吻合，假设没有正误之分，只有是否被支持的区别，无论怎样，你都会有所收获。

9. 作出结论。结论通常要回答更多的问题，如活动结果如何？说明了什么？活动是否有价值？怎样产生价值的？你学到了什么？你需要进一步研究什么？

10. 向别人公布你的发现。科学家们互相探讨他们的发现，使理论日趋完善。以交换智慧为目的，科学家们已经建立了全球范围的网络，来促进彼此间的交流。这给人们留下了深刻的印象。牛顿曾说过如果他看得更远一些，那是因为他站在了巨人的肩膀上。我们许多人熟知这个典故，但是却忘了问怎样才能找到巨人的肩膀并被它的主人所接纳。虽然我们对此不以为然，但是这种行为确实是十分特别和重要的。

当你使用科学的方法时，切记它不过是一个总体的计划，而不是什么定规。科学家真正进行科研的过程与我们所描述的科学工作往往有许多出入。我们在描述中往往略去了研究工作中的遇到的许多挫折和错误。而正是被经常忽略的部分才是真正的充满挑战和挫折，令人兴奋的探索科学之路。

不对科学说"NO"

——写给致力于科学研究的女学生们

许多学生和成年人仍然认为科学研究不适合女性做。社会中某些微小的信息可以产生巨大的影响。在北美，女性占从事科研和工程劳动力的10%还不到。在社会对妇女就业采取明显限制的沙特阿拉伯，只有5%的女性从事与科研相关的职业。而在社会观念完全不同的波兰，则有60%的妇女从事科研活动。

如果我们要加强对青年女性的科学教育，那么必须及早入手——按照《科学探索小实验系列丛书》中所定的年龄阶段开始。研究结果表明，男女学生在对科学研究的成就、态度和兴趣等方面的差异在中学时期就已经明朗化。过了四年级以后，女学生就很少会像男孩一样对科学感兴趣，选修自然科学课并在科研活动中获得成功。

可以用实例来驳斥科学领域中男尊女卑的偏见。作为女孩的榜样，从化学家、物理学家居里夫人（Marie Curie）到宇航员罗伯特·邦达（Roberta Bondar），都应该作为科学活动的背景知识介绍给学生们。女科研教师或对科学感兴趣的母亲，都能成为有说服力的榜样。

有时，女孩似乎无意之中就陷入了科学研究中的"女性"领域，如对植物和环境的研究。要鼓励女孩去从事包含电学和磁力学在内的"男性"活动。应该给女孩们更多的时间和关注，让她们逐步熟悉传统上的"男性"器材（如电池、电路或罗盘）。不要强制她们去学习物理等学科，但是要给她们提供一个探索这些学科的机会，以便使她们能够做出明智的选择。

"男性"科学和"女性"科学教学技巧的侧重点不同。研究表明，在物理和化学教学中，解决问题方法很受欢迎，而在生物学中，理论教学和有指导的实验方法更受青睐。女孩通常对更为随便的处理型方法感到畏惧，因此放弃了解决问题的方法。

许多教育家认为，能够用大脑操纵空间的一个物体，使其旋转，以及建造三维立体模型的能力都是科学研究中必不可少的技能。研究人员对男孩与女孩在空间能力差异的程度和性质方面存在着分歧。大多数研究表明，空间能力的差异要到十四五岁时才出现。产生差异的原因主要是来自社会和教育方面的因素，而不是由先天的基因决定的。要鼓励女孩多做一些能够培养空间能力的活动（如用纸做三维几何模型）。

《科学探索小实验系列丛书》中的活动是为所有学生设计的——无论是男孩还是女孩。作为一条总的原则，当指导学生们进行《科学探索小实验系列丛书》中的活动时，要有意识地培养女孩去积极参与。研究显示女孩乐于扮演观察员或记录员的被动角色，而男孩则愿意扮演领导者。在教室中解决此问题的办法之一是把学生们按性别分组，进行科研实验。伟大的科研项目将从这里开始。《科学探索小实验系列丛书》会帮助你拓宽思路，并据此深入钻研。

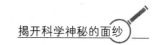

　　《科学探索小实验系列丛书》中有许多值得思考的问题，这些问题为从事科研项目打下了基础。太多的学生以及他们的家长和教师认为科研项目就是要制造一些东西，如收音机或火山。但实际上科研项目是关于对科学的研究，即从问题入手，并用科学的方法去解决这些问题。

目　录

极 简 热 身

复杂运动

情景再现

极简热身

热身进行时

一个著名的古希腊神话问道："什么东西早晨用四条腿，中午用两条腿，晚上用三条腿走路？"

答案：幼小时四腿爬行，成年时两腿走路，老年时拄着拐杖的人。

我能打赌任何一张纸都不能对折超过9次。折叠起来的纸层的增加方式叫做"等比级数"（等比数列求和公式）。

答案：第一次对折是得到了两层纸，第二次，4层；第三次，8层。等你折到第七次时，已经折出了218层，就像要折出一本书来一样！

在纸上画一个正方形，假设这个正方形是某个正方体的一个面，这个正方体有多少条棱（不是面）被遮住了？

答案：8条。

在一个塑料袋内装入2／3的水。握紧塑料袋的顶部，用一支锐利的铅笔直着穿过塑料袋，并把铅笔留在塑料袋上。一滴水也不会漏出来，这是为什么呢？

答案：原来聚乙烯膜分子聚集起来，在被穿透的膜的周围形成一个密封层。

　　圆周率 π 是一个非常重要的常数，也是一个有趣的数。大多数书给出的 π 的值是大约 3.14 成 3.1416。但实际上，π 是个无限的小数。π 最早是在解决有关圆的计算问题时提出的。长久以来，人们只能求出它几位或几十位的近似值，从而使古今中外一代一代的数学家为此献出了智慧和劳动。

　　人类对 π 的认识过程，反映了数学和计算技术发展的进程，在一定程度上反映某了个地区或时代的数学水平。德国数学史家康托说："历史上一个国家所算得的圆周率的准确程度，可以作为衡量这个国家当时数学发展水平的指标。"

　　在古代，长期使用 π = 3 这个数值。最早见于文字记载的是基督教《圣经》中的章节，描述的事大约发生在公元前 950 年前后。巴比伦、印度、中国等也长期使用 3 这个粗略而简单实用的数值。早期的人们还使用了其他的粗糙方法，如古埃及、古希腊人曾用谷粒摆在圆形上，以数粒数与方形对比的方法取得数值，或用圆形和方形的对比取值等。因此，凭直观推测或实物度量来计算 π 值是相当粗略的。

　　真正使圆周率的计算建立在科学基础之上的，应首先归功于阿基米德。他是科学研究这一常数的第一人，是他率先提出了一种能够借助数学演算而不是通过测量就能够提高 π 值精确度的方法。阿基米德计算圆周率的方法，体现在一篇《圆的测定》的论文中。在书中，阿基米德首次用上、下界来确定 π 的近似值，并用几何方法证明了"圆周长与圆直径之比小于 3+（1/7）而大于 3+（10/71）"，同时提供了误差的估算。重要的是，这种方法从理论上而言，能够求得更加精确的圆周率。公元 150 年左右，希腊天文学家托勒密得出 π = 3.1416，取得了自阿基米德以来的巨大进步。

在我国，较为精确的圆周率首先是由数学家刘徽得出的。公元263年前后，刘徽提出著名的割圆术，得出 $\pi = 3.14$（通常称为"徽率"），并指出这是不足近似值。虽然他提出割圆术的时间比阿基米德晚一些，但却有着更为精妙的算法，即割圆术仅用内接正多边形就确定出圆周率的上、下界，比阿基米德既用内接同时又用外切正多边形的方法简捷得多。

大家更加熟悉的是祖冲之所做的贡献。在《隋书·律历志》有如下记载："宋末，南徐州从事祖冲之更开密法。以圆径一亿为丈，圆周盈数三丈一尺四寸一分五厘九毫二秒七忽，朒数三丈一尺四寸一分五厘九毫二秒六忽，正数在盈朒二限之间。密率，圆径一百一十三，圆周三百五十五。约率，圆径七，周二十二。"这一记录指出祖冲之关于圆周率的两大贡献，其一，求得圆周率 $3.1415926 < \pi < 3.1415927$；其二，得到 π 的两个近似分数，约率为 $22 / 7$，密率为 $355 / 113$。

16 世纪，欧洲莱顿地区的声道尔夫将 π 计算到小数点后 35 位，并且在遗嘱上写明，要后人把这个 π 值刻在他的墓碑上，这就是著名的 "π 墓志铭"，墓碑上刻下的值是：

"3.14159265358579323846264338327950288"。

随着现代科学技术的发展，借助计算机求 π 值就容易得多了，1949 年是 2035 位，1958 年超过了 1 万位。1983 年，日本的两位计算机工作者把 π 值精确到小数点后 8388608 位，但仍未出现循环。

科学研究是一种思维方法，它有时被称为"有组织的常识"，但这并不十分准确。大多数情况下，新的科学发现似乎是与常识相矛盾的。毕竟，在过去有比地球是个平面这个观点更为显而易见的常识吗？只要看一看你的周围就会发觉这个常识是非常明显的，但现在，我们知道地球是一个球体。科学实际上是一种有组织的好奇心。

现在提问时

科学家们有许多问题。这个游戏要求参加者通过提出问题的办法，从一组非常相似的物体中找出答案。

材料：无。

步骤：

1.从你周围选择一个物体——可以是某一棵树，一把椅子或是墙上的一个记号。游戏的目的是让参与者从大量相似的物体中选择答案，从而使他们必须仔细分辨相似的物体。

2.告诉大家你正在想一个物体，是否向他们提供线索，由你自己决定，让参加游戏的人们提出问题，而你只能回答"是"或"不是"，让他们猜出答案。

3.当他们的问题接近答案时，告诉他们要想得到确切的答案，他们的问题必须更加详细、具体。

4.获胜者不但要猜对答案，而且还要第一个碰到或拿到猜中的物体。

话题：科学方法　交流

在科学研究中，提高观察和提问的能力很重要。科学家是一些对他们周围的一切都感到好奇的人。他们总是在不停地提出问题并试图找出答案，科学家通过科学研究得出答案。有时提出一个好问题并不是一件容易的事情，质量低的问题能把你引入歧途。这个游戏能够鼓励你提出切中要害的问题，以便迅速找到正确答案。

你在考虑什么样的问题？关于你身边的事情——为什么别人打哈欠的时候，你也会跟着打哈欠？关于古代发生的事情——恐龙为什么灭绝？关于远方的事情——其他星球上是否存在生命？还是关于这些问题本身——科学家是否能够回答所有这些问题？

名人物语

"我不知我为何惑，我惑我惑为何，我不知我为何惑，我惑我惑为何。"

——理查德·费曼

名人堂
理查德·费曼（Richard Feynman）

理查德·费曼

　　理查德·费曼，美国著名的物理学家。1965年诺贝尔物理学奖得主。提出了费曼图、费曼规则和重正化的计算方法，是研究量子电动力学和粒子物理学不可缺少的工具。

　　许多人认为，理查德·费曼是20世纪诞生于美国的最伟大的物理学家，一个独辟蹊径的思考者，超乎寻常的教师，尽善尽美的演员，1918年5月11日，理查德·菲利浦·费曼出生于纽约市。他的父亲是麦尔维尔·阿瑟·费曼，母亲是露茜尔·菲利浦，虽然麦尔维尔和露茜尔都是犹太人，但是他们对孩子的教育却没有狭隘偏执的宗教观念。

　　当儿子还坐着幼儿专用的高椅子时，麦尔维尔就买了一套浴室用的白色和蓝色瓷砖。他用各种方法来摆放它们，教理查德认识形状和简单的算术原理。当孩子长大一点时，麦尔维尔就带他去博物馆，并且给他读《不列颠百科全书》，然后用自己的语言耐心地解释。后来费曼愉快地回忆道："没有压力，只有可爱的、有趣的讨论。"

　　这种培养和教导是很有好处的。年轻的理查德很快就开始自己读《不列颠百科全书》了，他对上面的科学和数学文章尤其感兴趣。他从阁楼上找到一本旧课本，于是就照着课本自学起几何。

　　高中毕业之后，费曼进入麻省理工学院学习，最初主修数学和电力工程，后来他在物理学中找到了最适合自己的位置。1939年，他以优异的成绩毕业于麻省理工学院，又到普林斯顿大学念研究生。1942年6月，他获得了理论物理学博士学位。费曼最可亲的品质之一，是他对于自然的奇迹无休止的好奇心和从全新的角度看问题的能力。费曼喜欢观察最普通的自然现象，并找出其中的道理，这些现象大部分人，包括物理学家在内，都不会注意到。费曼常说，如果一个人学会了解释简单的东西，他就懂得了解释是什么；也就是说，他理解了科学本身。

费曼具有一种奇特的性格。第一次遇到费曼的人马上会为他的才华所倾倒，同时又会对他的幽默感到吃惊。第二次世界大战后不久，物理学家弗里曼·戴森在康奈尔大学见到了理查德·费曼，他说他的印象是："半是天才，半是滑稽演员。"后来，当戴森对费曼非常了解之后，他把原来的评价修改为："完全是天才，完全是滑稽演员。"费曼总是用通俗的语言说话，从来不用高深的词语或者词组。虽然费曼一直使用通俗的语言，但是如果他愿意的话，他可以很雄辩地讲话（完全符合语法规范），他还能写出非常优美的诗句。这也许正是对他的天才和自信的最好注释。在他的晚年，费曼努力地做好他的前妻阿琳（费曼一生的挚爱，因肺结核而匆匆逝去）认为重要的事情。他开始绘画，并画出了很好的素描和油画作品。1988年2月15日，他与世长辞，终年69岁。他去世后的第二天，学生们在加州理工学院10层高的图书馆顶楼挂起一条横幅，上面写着："我们爱你，迪克"。

费曼一生的大部分时光是在学院度过的，有40年之久。他最不理解的是，为什么有的人不是通过了解而学习，只是靠死记硬背，把乐趣变成了刑罚。费曼的困惑来自他的巴西之行。在巴西里约大学，费曼做了一年的客座教授。授课内容是电磁学方面的高级课程。在那里，他发现了两个奇怪的现象：一是学生们从不提问，有个学生告诉他原委："如果我提问，课后大家都会跑来怪我，为什么要浪费大家的时间？我们的目的是学东西，你却要打断他去提问。"二是面对同一个问题，有时学生马上答得出，有时却又一片茫然，完全不知所云。渐渐地费曼发现，巴西的学生上课时唯一要做的就是坐在那里，把教授讲的每个字记下来，当教授重复那句话时，他们逐字检查，确保没有写错。

有次下课时，费曼问一个学生："你抄了那么多笔记———接下来会怎样处理它们？"

"噢，我要好好地读，"学生回答，"然后考试。"

"怎么考试？"

"很容易的。我可以告诉你一道考题：在何种情形下两个物体是相等的？ 答：如果相同力矩造成同等的加速度，那么两物体是相等的。"

费曼只能摇头，他们有办法通过考试，但除了背下来的东西外，他们什么也不会。

在学年终了的时候，费曼应邀做了一次演讲，这是一次令巴西教育界深受震动的演讲。他坦率地告诉巴西人，他看到的令人震惊的事实：那么多小学生在书店里购买物理书，那么多巴西小孩在学物理，比美国小孩更早起步，可是整个巴西却找不出几个物理学家———为什么会这样？那么多孩子如此用功，却都是无用功！

费曼举起一本公认写得非常好的大一物理教科书，"在这本书里，从头到尾都没有提及实验结果。随便把书翻开，指到那一行我都可以证明书里包含的不是科学，而只是生吞活剥的背诵而已。"

费曼随手翻开一页，念道："摩擦发光：当晶体被撞击时所发出的光……"

他说："这样的句子，是否就是科学呢？不！你只不过是用一些字说出另一些字的意思而已。有没有看到过任何学生回家试着做个试验？我想，他没有办法做，他根本不知道该怎样做。"

"但如果你写：'当你在黑暗中用钳子打在一块糖上，你会看到一丝蓝色光。其他晶体也有此效应，没人知道为什么。这个物理现象被称为摩擦发光。'那么就会有人试着回家自己做，这就是一次与大自然相遇的美妙经验。"

几乎所有奔向现代化的后发国家，都曾经或正在面临着巴西人的困扰：他们需要科学，他们努力地学习科学，但他们却不了解：科学不是教义，而是一次次的"与大自然相遇的美妙经验"。

据说，在费曼教授结束演讲之后，巴西教育部长站起来痛心疾首地说："我早已知道我们的教育体制有病，但直到今天我才发现我们患了癌！"———那种大家努力考试，然后教下一代继续努力考试的教育，何时才是尽头呢？

曼哈顿计划是费曼研究生涯的起点。在洛斯阿拉莫斯，刚刚研究生毕业的费曼跃跃欲试，他获得了一个难得的机会，同一批最伟大的物理学家和数学家一起工作，他们包括：奥本海默、汉斯·贝特、恩里科·费米、爱德华·泰勒，还有约翰·冯·诺曼。

在此之前，费曼发现自己总是跟贝特唱反调。贝特当时已经是一位知名度较高、很受尊敬的物理学家。当贝特说出一个费曼不同意的观点时，费曼总是公开地强烈地表示反对。经过贝特耐心解释他的推理过程，费曼才能平静下来。可是等到下次观点出现分歧时，这个过程又会重复一遍。贝特一点也不生气，相反，费曼深入的思维给他留下了很好的印象，因此他对费曼产生了一种尊敬。

贝特让费曼到自己手下来工作，让他做了计算组的组长。于是费曼成了几位组长当中最年轻的一位。在那个时候，所有的计算都是由人工完成的，要使用对数表和笨重的机械计算器。在费曼的领导下，计算组的工作效率大幅度提高，老科学家们的工作都要依赖这些计算结果，所以他们对费曼的工作非常满意。

让老科学家们满意的还有费曼那卓越的能力，他能运用逻辑来分析一切复杂问题，找出主要因素，并简单明了地说明需要解答的关键问题。令他们同样满意的是这位年轻的科学家对物理学那富于感染力的热情。很快，贝特就自豪地宣称："费曼能做任何事情，所有的事情。"奥本海默写道："他是这里最才华横溢的年轻物理学家，……他有着非常吸引人的性格与个性，……他是一个优秀的教师，对物理学的各个方面都有着热烈的感情。"

对于费曼的教学生涯来说，父亲对他早年的训练是无价之宝。最重要的是，麦尔维尔在他身上灌注了一种对于大自然的美的赞叹和欣赏，并使他产生了与他人分享这种感受的灼人的欲望。听费曼讲课确实是一种触电的经历。在讲台上，他总是处于动态，正如他喜欢谈论的原子一样。他像个舞蹈演员一样昂首挺胸地在台上走来走去，他的胳膊和双手划出复杂而优美的弧线，配合着他的语言。他的声音时高时低，用来证明他的论点。总而言之，他能牢牢地抓住听众的注意力。

费曼从教学当中得到了活力。学生们经常提出一些深刻的问题，这常常会进一步激发他的头脑，提供研究的课题。有一次他写道：

"教学和学生使我的生命得以延续。如果有人给我创造一个很好的环境，但是我不能教学的话，那我永远不会接受。永远不会。"

费曼也相信，人们记住他首先是因为他的教学工作。加州理工学院把他的一系列讲座收集在一起，出版了《费曼讲物理》，这本书马上成了经典著作，成了全世界的热销书。这本书本来是面向加州理工学院的一二年级学生的，可是最能认识到这本书价值的却是物理教师，他们从中找到了自己讲座的灵感。所以，费曼被称作"老师的老师"是当之无愧的。

费曼于40年代发展了用路径积分表达量子振幅的方法，并于1948年提出量子电动力学新的理论形式、计算方法和重正化方法，从而避免了量子电动力学中的发散困难。目前量子场论中的"费曼振幅""费曼传播子""费曼规则"等均以他的姓氏命名。

除了量子电动力学方面的卓越贡献，费曼还建立了解决液态氦超流体现象的数学理论。之后，他和莫雷盖尔曼在弱相互作用领域，比如β衰变方面，做了一些奠基性工作。费曼通过提出高能质子碰撞过程的层子模型，在夸克理论的发展中起了重要作用。

费曼有一种特殊能力，就是能把复杂的观点，用简单的语言把它表述出来，这使得他成为一位硕果累累的教育家。在获得的诸多奖项中，他特别感到自豪的，是1972年获得的奥尔斯特教育奖章。最初出版于1962年的《费曼物理学讲义》被《科学美国人》这样赞誉："尽管这套教材深奥难懂，但是它的内容丰富而且富有启发性。在它出版25年后，它已经成为讲师、教授和低年级优秀学生的学习指南。"费曼自己则在前言中写道："我讲授的主要目的，不是帮助你们应付考试，也不是帮你们为工业或国防服务。我最希望做到的是，让你们欣赏这奇妙的世界以及物理学观察它的方法"。

为了促进普通公众对物理学的理解，费曼撰写了《物理定律的特征》和《量子电动力学：光和物质的奇特理论》等。同时还发表了许多高深的专业论文和著作，这些论文和著作已成为研究者和学生的经典文献和教科书。费曼还是一位富有建设性的公众人物。1986年，挑战者号失事后，费曼做了著名的O型环演示实验，只用一杯冰水和一只橡皮环，就在国会向公众揭示了挑战者失事的根本原因——低温下橡胶失去弹性。20世纪60年代，费曼还在加州课程设计委员会上，为反对教科书的平庸，做出了努力。

雾里看花

科学研究要回答一些令人困惑的问题，这些谜语很容易读懂，但要猜出答案就需要一些时间了。

材料：无。

步骤：

1.为什么改变方向？一个人跑得上气不接下气目的地就在眼前了，这时他发现了一个戴着面具的家伙朝他奔来，这个人赶忙停了下来，并迅速跑回他出发的地方这是为什么？

2.谁是真正的凶手？约翰、劳拉和托比共住一所房子。一天，比琳达搬进来和他们一起住，当天晚上，约翰和劳拉去参加一个舞会，当他们回来时，托比正在比琳达的尸体旁边转来转去，托比不但没有被捕，甚至没有被询问，这是为什么？

3.怎样过河？一个女孩带着一只狐狸，一只鹅和一袋玉米准备过河，她每次只能带狐狸、鹅和玉米中的一种，如果把狐狸和鹅留在一起狐狸就会吃掉大鹅，如果女孩先把狐狸带过河，大鹅又会吃掉玉米，这个女孩怎么样才能够安全地把三样东西都带过河呢？

4.弄臣是如何逃脱的？在中世纪的英国因为国王不喜欢一位弄臣

的笑话，把他关进了监狱。这个弄臣被关押在一座高塔的最上面，牢房只有一个小窗户。他弄到了一根绳子，但是其长度够不到地上。于是他把绳子分成了两段，然后又把两段系在一起，这样绳子够到了地上，这个弄臣逃走了。他是怎样逃走的呢？

5.为何头发不湿？一个人正在外面跑步，他感觉到有雨点落了下来，他既没打雨伞，又没穿雨衣，也没戴帽子，他跑得更快了。天空下起瓢泼大雨，雨水渍透了他的衣服，他的鞋也湿透了，雨水从他的鼻尖流下来，但是他的头发却没有湿，这是为什么？

6.糖为什么没有溶化？有一位女子非常喜欢甜食。她往咖啡里加了一匙糖后又加了一匙，后来又加了两匙，但糖始终没有溶解，这是为什么？

庐山真面目

1.正在进行的是一场棒球比赛，戴着面具的是接球手，因此，跑向本垒的运动员退回到第三垒。

2.托比是一只猫，比琳达是一只鸟的名字。

3.这个女孩先带大鹅过河，然后再返回来，她接着把玉米运过去，并把大鹅带回来，接下来带狐狸过河，最后再把大鹅带过河。

4.聪明的弄臣并没有把绳子从中间切断，而是把编成绳子的两股分开，再把两股接到一起时，绳子的长度就是原来的二倍。

5.这人是个秃子。

6.杯子里放的是没有加水的速溶咖啡。

话题：科学方法　解决问题

当你要回答一个问题或解决一个难题时，你会联想到许多东西，你会努力回忆那些会对你有所帮助的东西，你会搜寻关于这一问题的新的信息资料。有时你会去猜别人会怎样回答这个问题，还有的时候你会根据自己的意愿去挑选一个答案。这些都可能帮助你找到正确答案或不入歧途，很重要的一点是在回答一个问题（寻找一个问题的答案）时，问问你自己一些其他的问题：你对情况了解多少？你还需要知道些什么？你做了哪些假设？

交流与挑战

科学研究是提出和回答问题的过程。因此你必须具备良好的交流能力。在下面的活动中试着向你蒙着眼睛的同伴发出准确的描述指令，让他按指令描图。

材料： 两支不同颜色的铅笔；纸张；遮眼的蒙布——任选。

步骤：

1.你的同伴闭上眼睛或用布蒙上眼睛。

2.用一种颜色的笔在纸上画出一条轨迹，当这条轨迹画完时，再把笔抬起来，方向不限，这条轨迹可难可易，可以占整张纸，也可以只占一个角，交叉或形成几何图形。在这条轨迹的开端画个箭头，末端画个X。

3.递给你蒙着眼睛的同伴一支另一种颜色的铅笔，把笔尖放在箭头处。蒙着眼睛的同伴只能根据你所提供的提示，按照你所画的轨迹来画。你可以给出任何口头提示，但是你不能碰这支铅笔或蒙眼人的手。

4.这种语言交流上的挑战有多难呢？为什么会这么难呢？怎么才能使你的提示更加清楚明了？

5.交换活动，重复此活动。

 话题：科学方法　交流　做决定

我们通常把彼此交流看作一种理所当然的行为。但是有时想让别人理解某件事并不是一件容易的事情，交流在科学研究中十分重要。这是因为在世界变得越来越复杂的情况下我们要做出可靠的决定，需要了解的就更多。这项活动不但说明人们是思维方式不同，也可以鞭策人们发展交际技巧。对一个人来说是一种意思，对另一个人来说，可能就是另一种意思。表达意思不是用文字，而是用人们的思维。

什么东西有舌头，但从不出声？

什么东西有脸，但没有眼睛、鼻子和嘴？

什么东西有腿却不能走路？

答案：

鞋，闹钟，椅子。

细眼观天下

观察一下你的周围。你都看到了什么？科学研究包括对世界进行探索和仔细观察。试着做一个测试你的观察技能的游戏。

材料：一组小物体（周围必须有与其相似的物体）；物体的覆盖物（如一块布或一个套子）；纸张；铅笔。

步骤：

1.把5到15个小物体放到一块。周围要有与它们同类的物体。比如，在室外可以选取枝叶茂密的大树上的一片叶子。在室内时，可以在放着粉笔的书架上选一支粉笔，或是在装满铅笔的笔筒里选一支铅笔。

2.不要让别人看见你所收集的物体，把它们放到一个平面上，并用布或套子盖上。

3.大家围着这些物体站成一个圈。把覆盖物移开大约30秒钟，（对年龄更小的观察者，可以延长一段时间）使大家都能仔细看清每个物体。

4.时间结束时，再把这些物体盖上，现在大家分类去找与他们刚才所见到的"完全相同"的物体。每个人秘密地找出他或她所记住的物体，并记下在周围哪里可以找到"相同"的物体。

5.等到搜寻的时间结束时，大家聚集到一起，比较他们的秘密清单，把原先那些物体上的覆盖物拿掉。有多少人记得所有这些物体？大家找到了哪些"相同的"物体？有可能找到"完全一样"的物体吗？例如：原来的那组物体中可能有一支粉笔，书架上也有一支粉笔，但这两支粉笔一样长吗？它们上面的纹理都一样吗？仔细观察表面上"相同的"物体之间的区别。

话题：科学方法　分类

如果你仔细观察，就会发现即使你周围最"普通"的事物都很奇妙。观察是科学研究的基础。观察激励人们提出问题，又帮助人们回答问题。观察包括对物体的仔细检查，包括通过仔细的分析性的注意来认识和感知事物。观察是把可以通过直接经验收集到的资料综合到一起，来认识和理解某一事物。

命名我做主

科学研究的各方各面都包括观察活动。用你的观察技能，为一些生物和非生物取个名字。

材料： 纸张；铅笔。

步骤：

1. 在室外或室内选择一块面积较大的场地。

2. 限定时间，大约为10分钟。每个人必须在规定时间内找到一定数量的物体（5到15个），并分别给它们取个名字。这些物体可以都是生物，也可以都是非生物，或者是两种混合在一起。要根据外表、地点、需要或功能为它们取名。例如，一株长着很高的尖形叶子为紫色的植物看起来可能很像日落时教堂的塔尖；那么为什么不叫它紫色塔尖植物呢？即使知道这些物体的真实名称，也不要使用。

3. 限定的时间到了时，大家交换一下手中的名单。亲自观察每一种物体，看看哪种确实与人们给取的名字相符？哪种名字最多？

4. 变化：在周围选择一些物体并给它们取名字。在每张纸条上写一个名字后，把它折起来。把这些纸条混到一起，然后让每人抽一张。大家能够按照新名字所提供的线索找到这些物体吗？

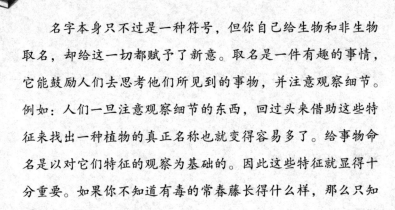

名字本身只不过是一种符号，但你自己给生物和非生物取名，却给这一切都赋予了新意。取名是一件有趣的事情，它能鼓励人们去思考他们所见到的事物，并注意观察细节。例如：人们一旦注意观察细节的东西，回过头来借助这些特征来找出一种植物的真正名称也就变得容易多了。给事物命名是以对它们特征的观察为基础的。因此这些特征就显得十分重要。如果你不知道有毒的常春藤长得什么样，那么只知道它的名字并不会帮你多大忙。

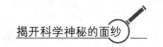

字母图案对对碰

科学研究包括对图案的理解。下面通过改动字母的基本图案，变成新的字母表。

材料：纸张；铅笔。

步骤：

1.重新设计字母表中的大写字母，使其不出现冗余。也就是说从每个字母中除去尽可能多的部分，但不要少到分辨不出这个字母的程度。可以更改多少个字母？有没有无法更改的字母？如果冗余度无效，在哪种程度上无效？即使冗余度是无效的，这一特征仍然起到了什么作用？

2.扩展活动：用更改过的字母写一段至少有12个单词的话。别人能够正确读出你写的这段话吗？

话题：科学方法　解决问题

　　寻找图案就是寻找物体间的关系。人的大脑善于发现图案。许多图案具有"冗余"的特征。冗余特征是指重复其他特征提供的信息。由于冗余特征提供的是不必要的信息，所以此特征无效。英语中包含一些图案，如字母的形体。例如：想一下字母表中的大写字母，尽管字母A的一部分没有了，但人们仍然能够清楚地认出它。因此，字母中间的横杠是冗余的。能够分辨和利用图案，并能抓住其主要特征，是一种重要的科研技巧。

名人物语

　　"科学的全部意义在于对日常思考的问题进行提炼。"

——阿尔伯特·爱因斯坦

名人堂
阿尔伯特·爱因斯坦（Albert Einstein）

阿尔伯特·爱因斯坦，举世闻名的德裔美国科学家，现代物理学的开创者和奠基人，相对论、质能关系的提出者，决定论量子力学诠释的捍卫者——爱因斯坦，1999年12月26日被美国《时代》周刊评为"世纪伟人。"

1879年3月14日，爱因斯坦出生在德国乌尔姆市班霍夫街135号，父母都是犹太人。1900年，爱因斯坦毕业于苏黎世工业大学，先后在意大利、捷克等国的大学里任教授，因他对光电效应做出解释，于1923年7月在哥德堡接受1921年度诺贝尔奖奖金。二战期间，因受法西斯的迫害，被迫于迁往美国，1940年加入美国国籍。

19世纪后期是物理学的大变革时期，爱因斯坦从实验出发，重新考量了物理学的基本概念，在理论上做出根本性的突破。他的一些成就大大推动了天文学的发展。他的量子理论对天体物理学特别是理论天体物理学都有很大的影响。理论天体物理学的恒星大气理论，就是在量子理论和辐射理论的基础上建立起来的。

16岁时，爱因斯坦就从书本上了解到光是以很快速度前进的电磁波，他产生了一个想法：如果一个人以光的速度运动，他将看到一幅什么样的世界景象呢？他将看不到前进的光，只能看到在空间里振荡着却停滞不前的电磁场。这种事可能发生吗？

1905年，爱因斯坦向世界公布了他发现的狭义相对论。这篇文章提出了一个著名的公式，即能量等于质量乘以光速的平方。他首次揭示了物质、能量和质量可以相互转换，这实际上是原子能量释放的一个理论基础。

1937年，在两个助手合作下，他从广义相对论的引力场方程推导出运动方程，进一步揭示了空间、时间、物质、运动之间的统一性，这是广义相对论的重大发展，也是爱因斯坦在科学创造活动中取得的最后一个重大成果。

爱因斯坦的狭义相对论成功地揭示了能量与质量之间的关系，坚守着"上帝不掷骰子"的量子论诠释（微粒子振动与平动的矢量和）的决定论阵地，解决了长期存在的恒星能源来源的难题。近年来，狭义相对论已成为解释高能物理现象的一种最基本的理论工具。广义相对论解决了天文学一个多年的不解之谜，推断出后来被验证了的光线弯曲现象，成为后来许多天文概念的理论基础。11年以后，他又把时空方面的认识进一步拓展，改写了牛顿力学的理论框架，使人类对物质的能量、质量、时间、空间的认识进入了一个新阶段，为以后的航天科技、核科技打下理论基础。

1942年，芝加哥大学建成第一个反应堆，这个反应堆的能量只有150瓦，但是它证明了粒子反应是可以产生能量的，证明了爱因斯坦讲的能量可以转化是正确的。3年后，美国就在墨西哥州沙漠中爆炸了第一颗原子弹，原子能量就被人类释放出来。1956年，苏联建成了第一个5000千专的可供工业使用的原子能反应堆，人类进入了原子能时代。除核武器以外，原子能成为继火力、电子发电之后的又一个重要能源来源。

爱因斯坦热爱科学，也热爱人类。他没有因为埋头于科学研究而把自己置于社会之外，一直关心着人类的文明和进步，并为之顽强、勇敢地战斗。他说："人只有献身于社会，才能找出那实际上是短暂而又有风险的生命的意义。"

名人物语

"由于我们从未真正认真地观察过，所以周围的许多事物，甚至有的就在脚下，我们都没有看到。"

——亚历山大·格拉汉姆·贝尔

历山大·格拉汉姆·贝尔

名 人 堂

亚历山大·格拉汉姆·贝尔（Alexander Graham Bell）

亚历山大·格拉汉姆·贝尔，美国发明家和企业家。他获得了世界上第一台可用的电话机的专利权（发明者为意大利人安东尼奥·梅乌奇），创建了贝尔电话公司（AT&T 公司的前身），被世界誉为"电话之父"。

在莫尔斯电报发明后的 20 多年中无数科学家试图直接用电流传递语音，贝尔也把发明电话作为自己义不容辞的责任。但由于电话是传递连续的信号而不是电报那样不连续的通断信号，在当时的难度好比登天。他曾试图用连续振动的曲线来使聋哑人看出"话"来，没有成功。但在实验中发现了一个有趣现象：每次电流通断时线圈发出类似于莫尔斯电码的"滴答"声，这引起贝尔大胆的设想：如果能用电流强度模拟出声音的变化不就可以用电流传递语音了吗？随后的两年内贝尔刻苦用功掌握了电学，再加上他扎实的语言学知识，使他如同插上了翅膀。他辞去了教授职务，一心扎入发明电话的试验中。在万事俱备只缺合作者时他偶然遇到了 18 岁的电气工程师沃特森。两年后，经过无数次失败后他们终于制成了两台粗糙的样机：圆筒底部的薄膜中央连接着插入硫酸的碳棒，人说话时薄膜振动改变电阻使电流变化，在接收处再利用电磁原理将电信号变回语音。但不幸的是试验失败了，两人的声音是通过公寓的天花板而不是通过机器互相传递的。

正在他们冥思苦想之时，窗外吉他的叮咚声提醒了他们：送话器和受话器的灵敏度太低了！他们连续两天两夜自制了音箱、改进了机器。然后开始实验，刚开始沃特森只从受话器里听到嘶嘶的电流声，终于他听到了贝尔清晰的声音"沃特森先生，快来呀！我需要你。"1875年6月2日傍晚，当时贝尔28岁，沃特森21岁。他们趁热打铁，几经半年的改进，终于制成了世界上第一台实用的电话机。1876年3月3日（贝尔的29岁生日），贝尔的专利申请被批准，专利号为美国174465。其实，在贝尔申请电话专利的同一天几小时后，另一位杰出的发明家艾利沙·格雷也为他的电话申请专利。由于这几个小时之差，美国最高法院裁定贝尔为电话的发明者。

回到波士顿后两人继续对它进行改进，同时抓住一切时机进行宣传。两年后的1878年，贝尔在波士顿和沃特森在相距300多公里的纽约之间首次进行了长途电话实验。与34年前莫尔斯一样取得了成功。所不同的是他们举行的是科普宣传会，双方的现场听众可以互相交谈。中途出了个小小的问题：表演最后节目的黑人民歌手听到远方贝尔的声音后紧张得出不了声，急中生智的贝尔让沃特森代替，沃特森鼓足勇气的歌声使双方的听众不时传来阵阵掌声和欢笑声，试验圆满成功。

1877年，也就是贝尔发明电话后的第二年，在波士顿设的第一条电话线路开通了，这沟通了查尔期·威廉期先生的各工厂和他在萨默维尔私人住宅之间的联系。也就在这一年，有人第一次用电话给《波士顿环球报》发送了新闻消息，从此开始了公众使用电话的时代。

贝尔的主要成就是发明了电话，此外，他还制造了助听器，改进了爱迪生发明的留声机，他对聋哑语的发明贡献甚大，他写的文章和小册子超过100篇。1881年，他为了发现美国总统詹姆士·加菲尔德体内的子弹设计了一个检验金属的装置，成为X光机的前身。他还创立了英国聋哑教育促进协会。

迷踪乱象

　　科学研究使人们认识到观察事物的办法通常不止一种。在下面的图中你看到了什么？

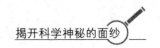

材料：无

步骤：

1.仔细观察本页上能够产生错觉的图像。

2.图像解析：A盖住干草叉的顶部，你会看到叉子有两股，盖住底部，你会看到有三股。你可以画出这样的干草叉，但无法实际制造出这样的叉子。B图中的两条线段长度相等。向外的箭头使线段看起来比实际要短一些，而向内的箭头会使线段看起来比实际上长。C可以翻转的盒子——这个盒子可以向右下方或左上方倾斜。D你看到的是一盏烛台还是两张脸？这取决于你的目光是集中在画面的前景还是背景。E这是一个人还是一只老鼠？你的大脑不能同时接受两幅图画。F你看出了牛仔的帽子和正在理发的人了吗？你还看出来一个戴着头巾的男人了吗？

话题：科学方法　感官　大脑

通常有两种视觉上的错觉。"认识上的"错觉是指那些建立在过去经验的基础上，未经深思熟虑就认为理所当然的经验和假设。生理上的错觉则是由于目视和大脑对眼前物体解析过程中发生的错误引起的。许多艺术家，如萨尔瓦多·戴利、雷内·玛格丽特和M.C埃思卡，都利用过视觉上的错觉现象。

名人堂

萨尔瓦多·达利（Salvador Domingo Felipe Jacinto Dali）

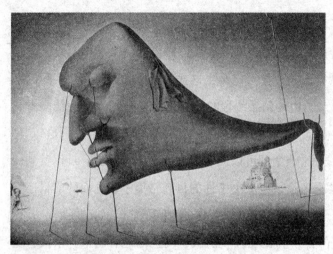

达利作品

萨尔瓦多·达利，1904年5月11日生于西班牙菲格拉斯，1989年1月23日逝世。他是一位具有卓越天才和想象力的画家。在把梦境的主观世界变成客观而令人激动的形象方面，他对超现实主义、对20世纪的艺术做出了严肃认真的贡献。达利的一生充满了传奇色彩。除了他的绘画，他的文章、口才、动作、相貌以及胡须均给欣赏他的人们留下了扑朔迷离的印象。达利年轻时在马德里和巴塞罗那学习美术，曾兼收并蓄多种艺术风格，显示出作为画家的非凡技能。但是，直到20世纪20年代末期，才由两件事情促使其画风日臻成熟。一是他发现了弗洛伊德的关于性爱对于潜意识意象的重要著作；二是他结交了一群才华横溢的巴黎超现实主义者，这群艺术家和作家努力证明人的潜意识是超乎理性之上的"更为重大的现实"。

达利还与西班牙电影导演L-布努埃尔共同制作两部超现实主义影片，即《安达鲁的狗》（1928）和《黄金时代》（1930），同样充满

"怪诞"但富于暗示的意象。20世纪30年代末，在文艺复兴画家拉斐尔的影响下，达利的绘画转趋比较古典的风格。此后，他花费大量时间设计舞台布景、时髦商店内部装饰以及珠宝饰物。在1950—1970年间，他有许多宗教题材的绘画作品，但仍探索爱的主题，描绘童年记忆，并且让妻子加拉成为这些题材的中心形象。这些晚期绘画技法纯熟，代表作有《记忆的永恒》《悍妇与月亮》《内战的预兆》，等等。

名人堂

雷内·玛格丽特（Rene Magritte）

玛格丽特作品

　　雷内·玛格丽特，比利时画家，超现实主义运动的主要成员之一。1898年生于莱锡内，性格内向，他14岁时，母亲自杀，这件事给当时玛格丽特幼小的心灵带来了很大的创伤。18岁时，玛格丽特进入了布鲁塞尔艺术学院，时断时续的学习了几年。在他成长过程中，诗人布尔乔亚以及马宋对他起了很大的影响。

　　1922年，玛格丽特看到了契里柯的复制作品《爱之歌》，玛格丽特从此确定了自己的风格。1925年，玛格丽特进入了超现实主义时期，他做于这一年的《两姐妹》，实际上是一个女孩白天和夜晚的双重形象。1926年他创作的《受威胁的凶手》，则是比较典型的，以日常生活为基础，然而是十分恐怖的、色情的玛格丽特惯用的题材。

　　1927年8月，玛格丽特迁居法国郊区，与勃勒东、艾吕雅又密切交往。此后的3年，是玛格丽特创作上的丰收时期，他的杰出的作品都作于这一阶段。

由于对巴黎争论和癫狂气氛的厌倦，玛格丽特于1930年回到布鲁塞尔，与巴黎这个世界艺术中心远离，他不再引起人们的注意。直到第二次世界大战以后，在美国纽约举办的现代艺术回顾展上，玛格丽特再次被人们所认识。

玛格丽特一生的风格变化不大，他不受流行的新技巧影响，而专注于创作奇幻的、恐怖的、充满特殊构想的形象。他的绘画作品仿佛谜语一般让人猜想，作品里浮现一种死寂的安静，表达的观点包括了从政治到哲学的理性世界，对于其他大师们常用的有关男女情爱的题材，玛格丽特极少涉及。

勃勒东称玛格丽特的作品是"最清晰的超现实主义"。玛格丽特的创作对西方现代绘画，特别是对达利、马宋及年轻一代的波普艺术家有较大的影响。

玛格丽特在二次世界大战期间流亡法国，后多次参加在欧美举行的重要画展，逐渐成为国际知名画家。1960年在美国举办第一次个人回顾展。其国际声誉尤以1965年纽约现代艺术博物馆的回顾展达到高潮。

玛格丽特的绘画风格基本保持了被称为精密、神秘的现实主义，或魔幻现实主义的超现实主义风格。作品真实地表现日常场景，不做变形歪曲，但事件与细节的意外组合，产生奇特怪诞的神秘意味，如同睡眠中醒来一瞬间，在不清醒状态下所产生的错幻视觉，具有超凡的想象力，形成了超现实主义绘画中独具一格的画风。

名人堂

M.C.埃舍尔（M.C. Escher）

M.C.埃舍尔

M.C.埃舍尔，荷兰图形艺术家，以其源自数学灵感的木刻、版画等作品而闻名。说到埃舍尔，首先让人联想到的就是"迷惑的图画"。明明是向二楼上去的楼梯不知为什么却返回到了一楼，鸟儿在不断的变化中不知什么时候却突然变成了鱼儿，这些图画就是埃舍尔所描绘的幻想的异次元空间，它具有不可思议的魔力，征服着人们的心灵。他那特别稀有的画风在很长时间以来被美术界视为异端，后来数学家们开始关注埃舍尔的画面的高难度构成，接下来他的画又在年轻人中间大受欢迎，并在世界范围内确立了其不可动摇的地位。

1956年，埃舍尔举办了他的第一次重要的画展，这个画展得到了《时代》杂志的好评，并且获得了世界范围的名望。在他的最热情的赞美者之中不乏许多数学家，他们认为在他的作品中数学的原则和思想得到了非同寻常的形象化。因为这个荷兰的艺术家没有受过中学以外的正式的数学训练，因而这一点尤其令人赞叹。随着他的创作的发展，他从他读到的数学的思想中获得了巨大灵感，他工作中经常直接用平面几何和射影几何的结构，这使他的作品深刻地反映了非欧几里得几何学的精髓。他也被悖论和"不可能"的图形结构所迷住，并且使用了罗杰·彭罗斯的一个想法发展了许多吸引人的艺术成

M.C.埃舍尔作品

果。这样，对于学数学的学生，埃舍尔的工作围绕着两个广阔的区域："空间几何学"和我们或许可以叫作的"空间逻辑学"。

中学毕业后，埃舍尔在父亲的建议下赴哈勒姆学习建筑。然而，那些物理、数学知识没有把他塑造成一名建筑师，却点燃了他心中对绘画艺术的热情。他在学院里结识了当时在荷兰很有影响的艺术家萨谬尔·马斯基塔，并在他的指导下学习和研究各种材料的版画技巧。1923年至1935年，是他对生活充满热情的时期，在创作上表现为写实主义。他曾旅居意大利，为意大利南部的山庄美景所陶醉。他拼命地写生，拼命地创作，那些起伏的山峦、依山而建的城镇、充满生活情调的小巷……都在他的刻刀下收进了他的作品。后来，他恋爱了，为爱情创作了一系列创世纪的版画，最后一幅是伊甸园里的亚当和夏娃。他们结婚了，定居于罗马。然而，尽管这时他的版画技巧已达到炉火纯青的地步，罗马城中文艺复兴时期的古迹、巴洛克式的建筑却燃不起他的任何创作激情。他崇尚淳朴与自然，厌倦这座城市的霸气。法西斯政权崛起后，他惊诧地注视着狂热的人群，为世界的混乱而愤怒。从这时起，写实主义在他的作品中消失了。

埃舍尔游览西班牙时，被摩尔人建筑上的装饰图案所吸引，那些规则的互为背景的彩色图案，看上去简洁明了，甚至略显得单调。

但它在埃舍尔的脑子里却打开了具有无穷变换空间的版画世界的大门。他说，仅仅是几何图形是枯燥的，只要赋予他生命就其乐无穷。于是，在规整的三角形、四边形或六边形中，鱼、鸟和爬行动物们互为背景，在二维空间和三维空间相互变换，成为他一个时期热衷的创作主题，并成为他终身百玩不厌的游戏。那些变形系列、循环系列和他的《昼与夜》令他一下子闻名世界。但这还仅仅是他创作成就的一部分。

他的作品具有了更深的视野。他开始利用人的视觉错误，让他的作品在三维空间里游戏。他的《凸与凹》《上和下》《观景楼》《瀑布》等作品，以非常精巧考究的细节写实手法，生动地表达出各种荒谬的结果，几十年来，始终令人玩味无穷。埃舍尔与毕加索属同时代的人，毕加索作品中那些变形的物体，既有对新画风的探索，也有艺术家对眼前扭曲世界的感悟。埃舍尔的后期作品虽然多为建筑或几何图形等抽象的主题，但其所揭示的规则、合理表象下的矛盾与荒谬，还有那天使与魔鬼互为背景的拼图，谁能说不是埃舍尔对这个世界的思考呢？

埃舍尔多次表达数学上有趣的茂比乌斯带。当一条丝带被扭曲后，将两端连在一起，则丝带的正面和反面是相间地连接起来的。但这种曲面带的现象若由平面图画表达出来则很不容易，1963年的《红蚁》便是这种题材的作品，也是一件稀有的埃舍尔套色版画。埃舍尔在他的著作中，指出特别偏好两色的外形结构，因为图形的本质需要，他才加上颜色。

1961年的《瀑布》是埃舍尔最后期的奇异建筑式图画，他依据彭罗斯的三角原理，将整齐的立方物体堆砌在建筑物上。这种不合情理的结构亦见于1958年的《瞭望塔》，作品中的建筑物和人物手持的立方体都是怪异的。埃舍尔的作品骤看起来没有什么奇怪的地方，但其实当中蕴藏的幻觉事物是最引人入胜的。参观者每每把他们认识的真实世界，与埃舍尔的虚构幻象相混比较，而产生迷惑。例如作品《瀑布》的流水川流不息，完全违反地心吸力，所表达的图像是毫不合理的。再来介绍一下画家的传世名作之《手画手》。画面上有两只都正在执笔画画的手，初看平淡无奇，可是仔细看时，就会感到充满玄妙，一只右手正在仔细地绘画左手的衣袖，并且很快就可以画完了，可是，与此同时，左手也正在执笔异常仔细的描绘右手，并且也正好处于快要结束的部位。《手画手》的画面戛然而止，把无限的疑惑留给我们，究竟是左手画右手，还是右手画左手？我们无论如何去看，都无法分辨清楚.这两只手都很有立体感，都十分准确，形象逼真，生动，就是两只手上的皱纹也表现得淋漓尽致.可就在这样的一幅画上，荒谬和真实，可能与不可能交织在一起，使画面充满了思辨的意味.带出了现实的问题：谁是起点？谁是终点？谁是传统？谁是继承？等等。或许正是由于他对数学、建筑学和哲学的过深理解，阻碍了他与同道的交流，他在艺术界几乎总是特立独行，后无来者。他甚至至今无法被归入20世纪艺术的任何一个流派。但是，他却被众多的科学家视为知己。他的版画曾被许多科学著作和杂志用作封面，1954年的"国际数学协会"在阿姆斯特丹专门为他举办了个人画展，这是现代艺术史上罕见的。

埃舍尔独树一帜，自成一格，他的作品已经构成了一个自足而丰富的世界。对于这个世界，普通人往往不得其门，只是把它当作一幅幅有趣的、奇怪的图画。而学者们则各取所需，其中虽有阐微发隐，也不乏自说自话。对埃舍尔的误解更是常见，比如时常有人称埃舍尔为错觉图形大师，也不时有人说埃舍尔精通自然科学或者数学。

当然，由于埃舍尔所思考的问题，以及他思考问题的方式，更接近于科学家而不是艺术家；所以毫不奇怪，他的作品首先为科学家所接受，是科学家发现了埃舍尔作品的价值和意义。数学家、物理学家以及心理学家如侯世达一般各自从自己的角度解释埃舍尔，或者用埃舍尔说明自己的理论。杨振宁的一本小书《基本粒子发现简史》就是以埃舍尔的《骑士》作为封面的。在近年来我国出版的所谓科学文化类译著中，也不时会有对埃舍尔的讨论。如彭罗斯的《皇帝新脑》。

从目前的大众语境看，一位艺术家表达了"科学的思想"，并能为科学家所欣赏，是艺术家的荣耀。但是，这样的理解恰恰忽视了埃舍尔作为一位独立的思想者的价值。尽管埃舍尔有很多科学家朋友，并且有几位对他的作品产生了影响。但是，在我看来，埃舍尔并没有试图表达"科学家"的思想，而只是要表达他自己的思想。

《魔镜——埃舍尔的不可能世界》的价值就在于，它从埃舍尔自身的角度，对画家进行了系统评述。而且，这个评述建立在第一手资料之上，并得到了埃舍尔本人的认可。

曾有人说，埃舍尔代表了非欧几何时代的空间感知觉，其基本特征是空间的弯曲，这是有道理的。空间的弯曲使缠绕成为可能，使"有限无界"成为可能。今天我们知道，物理空间可以因为引力而弯曲，它无界却可以是有限的：无界不等于无限。

M.C.埃舍尔在世界艺术中占有独一无二的位置。他的作品——主要是带有数学意味的作品——无法归属于任何一家流派。在他之前，从未有艺术家创作出同类的作品，在他之后，迄今为止也没有艺

M.C.埃舍尔作品

术家追随他发现的道路。数学是他的艺术之魂，他在数学的匀称、精确、规则、循序等特性中发现了难以言喻的美；同时结合他无与伦比的禀赋，埃舍尔创作出广受欢迎的迷人作品。本书是国内首次对埃舍尔各个时期、各种类型作品的最大规模集结，同时收入了众多埃舍尔在创作时期的研究草图供读者参考；赏析文字对埃舍尔作品听数学原理、创作理念等做了精要的阐述，帮助读者理解埃舍尔作品的内涵，从而更易于走进埃舍尔的奇妙世界。

人们发现，埃舍尔30年前作品中的视觉模拟和今天的虚拟三维视像与数字方法是如此相像，而他的各种图像美学也几乎是今天电脑图像视觉的翻版，充满电子时代和中世纪智性的混合气息。因此，有人说，埃舍尔的艺术是真正超越时代，深入自我理性的现代艺术。也有人把他称为三维空间图画的鼻祖。

然而，埃舍尔的作品毫不拒绝观众，所有的作品都充满幽默、神秘、机智和童话般的视觉魅力。哲学家、数学家、物理学家可以将其解释得很深奥，而每一个普通人也同样可以找到自己的感受，即使是孩子。

一些自相缠绕的怪圈、一段永远走不完的楼梯或者两个不同视角所看到的两种场景……半个世纪以前，荷兰著名版画艺术家埃舍尔所营造的"一个不可能世界"至今仍独树一帜、风靡世界，他的传记近日在我国正式出版。这本装帧素雅的传记名为《魔镜——埃舍尔的不可能世界》，是埃舍尔的朋友、荷兰数学家布鲁诺·恩斯特20多年前所著，并得到了艺术家本人的校正。书中运用优美的语言和250幅精致的图片，描绘了"艺术怪才"埃舍尔的生平、创作和他对版画艺术的独到见解。

所见未必所得时

有时科学还包括这样的认识：客观所见到的事物并不是你主观上自以为已经见到的；而对一些看似不可能的事物却可以提供一个完整的解释。

材料：纸盘；剪刀；4把餐刀；5个水杯。

步骤：

1.弧形纸条：把一纸盘分成两半；剪下纸盘的外缘；把剪下的纸条分成两半（如图A所示）。

把这两个新剪出的纸条重叠在一起，修剪一下，使它们的大小完全一致。现在把两张纸条平放在桌面上，一个在另一个的上方（如图B所示）。两纸条看上去大小一样吗？

把两纸条摆在不同的位置上，何时两纸条看起来大小一致。（如图C所示）？

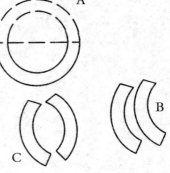

2.漂浮的玻璃杯：把4个杯子摆成正方形。在中心处再放一个杯子。

把四把餐刀搭在玻璃杯上，使刀尖交错在一起。在插入第四把刀时，把其他三把抬起来一点，这样四把刀的刀尖就会在玻璃杯中心处卡在一起。这时你可以把放在中间的杯子滑移出来，然后放到刀架的上面。这时，杯子看起来就像在空中飘浮一样。

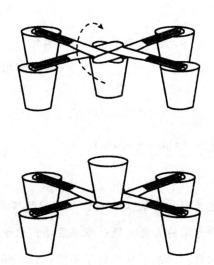

话题：科学方法　大脑

在第一个活动中，眼脑系统把一纸条的较短的一条弧与另一纸条较长的一条弧相比，因此下面的纸条看上去总是显得短。避免这种视觉误区的唯一办法就是把上面的纸条翻过来。那么，较短的弧对在一起，两张纸条看上去就一样长了。在第二个活动中除非事先知道那些步骤，否则最后的结构看上去似乎不太可能。如果按正确方法把刀子放好，使它们交错地卡在一起就会搭出一个稳固的框架，这些刀可以用来当作支撑系统。

名人物语

"我们应尽量使事物简洁明了，但不要简化。"

——阿尔伯特·爱因斯坦

名 人 堂

阿尔伯特·爱因斯坦（Albert Einstein）

爱因斯坦的主要科学研究工作有：毛细管的作用；狭义相对论；广义相对论；统计力学的古典问题；布朗运动；原子跃迁的概率；量子力学的或然率解析；单原子气体的量子理论；低辐射密度光的热性质，以及统一场论的构架等。其中以狭义相对论，广义相对论和光电子理论最为出名。光电子理论还是爱因斯坦1921年获诺贝尔物理学奖的项目。

爱因斯坦的狭义相对论——爱因斯坦只把运动的相对性原理应用到惯性参考系中，这样的理论称为狭义相对论。他把伽利略的相对运动原理推广到相对运动的速度可与光速相比的参考坐标系。此外还引入光速不变作为运动的参考。他在1905年以"关于运动物体的电动力学"的名义发表狭义相对论。

爱因斯坦在狭义相对论中引入两个假设：一是所有的物理定律在

全部惯性参考坐标中都是相同的，不需要特别的惯性参考系；二是在真空中光传播的速度是恒定的，它与光源的运动速度无关。他从这两个假设出发，利用罗伦兹变换方法，计算得出，当两个相对运动的惯性系统的速度可与光速相比时，出现一些和平常生活相矛盾的狭义相对论结果。其中最重要令人发生概念变化的恐怕要算时间和空间概念了。在牛顿力学中，空间和时间是绝对不变的。但在狭义相对论中，时间和空间是随两个相对运动的参考坐标系的相对运动速度而改变的。这为原子物理基本粒子的研究提供了重要的原则。

狭义相对论也得出，物质的质量和能量有等价的性质：$E=mc^2$；这里 E 为物体的能量；m 是物体的质量。这公式表示：物体的质量和它的能量可以相互转换，有等价的性质。发现这种性质很重要。例如：奥托·哈恩等人在研究铀裂变时，就利用这个关系发现了人工核裂变过程。

爱因斯坦的广义相对论——1915—1916 年间，爱因斯坦想把相对

爱因斯坦微雕

论和牛顿的万有引力定律统一起来，形成广义相对论，他认为在地球上的物体受到地球的引力，和一个物体在等加速参考坐标系内的运动相当，即在等加速坐标系内是感觉不出引力的，因而引力是不存在的。从这一点再加上一些别的原则出发，爱因斯坦得出广义相对论的一些结果如下：

光的引力红移；当光移到更高引力势（gravitational potentials）；光的频率会减少；发生光的红移现象；引力时间膨胀（time dilation），意思是，处在较低的引力势时，时钟会走得慢些；光经过太阳等巨大物体的附近时，其行程会变弯曲等。上述的大部分预言都已为实验所证实，因而已广泛接受。

爱因斯坦的光电子理论——1905年，爱因斯坦根据普朗克的假定：原子发射出光的能量是不连续的，只能等于HV的整数倍。对雷纳德的光电实验结果做了完整的定量解析。他把光看成具有能量为HV的光子。因此，光的频率愈高，即光的波长愈短的光粒子就具有愈高的能量。这样，爱因斯坦就能定量地预言出光电效应的停止电压V（停止）和入射光的频率的关系是一根直线，而它的斜率是h/e。这里，h是普朗克常数；而e是电子所带的电荷。

爱因斯坦把光看成颗粒，并引用普朗克的能量量子化假设，完满地解析了当时认为是物理难题，光电效应的结果，说明了量子理论的正确性，因而大大推动了量子力学的发展。爱因斯坦也为此而获得了1921年诺贝尔物理学奖。

爱因斯坦是一个和平主义者，他为人和蔼友善，同时谦虚却又特立独行，从而受到广泛的尊敬。他有时会讲讲笑话，并爱好航行和拉小提琴。他还是个心不在焉的教授，经常丢三落四，专心于思考物理问题而忽视周围的世界。他还是位素食主义者。他曾说："我认为素食者的人生态度，乃是出自极单纯的生理上的平衡状态，因此对于人类的理想是有所裨益的。"

设想将来时

科学发现需要创造力，试想一些常见的味道、气味、声音和感觉，这并不像你想象中的那么简单。

材料：无。

步骤：

1.想象下列物体，如果你愿意的话，可以把其为容易的、困难的和无法做到的几个等级。

2.开端：花生的味道和气味，汽油的气味，汽启动的声音，坐在秋千上在高空中摇摆的感觉，蕉的味道和气味，牙膏的气味，掉落的书撞击地的声音，咬苹果时的感觉。

3.想象更加复杂的事物，油腻的巧克力和冰淋的味道（和气味），变成橘子的味道（和气味），由单腿跳的感觉变化成跳绳的感觉。由烤面包的气味变为花生奶油的气味。由一个朋友的笑声变成棒球拍拍击球的声音。

4.真正的挑战：沿着大山口向下走，变成一块岩石，在你被河床扔出去的时候，注意你所划过的轨迹。变成拍击的浪花。变成暴雨中的一颗雨滴。像花一样成长，开放。追寻声波的轨迹。

5.你能想出一个其他人都想象不出来的东西吗？

话题：科学方法　感官

科学家们都做什么？他们与你做一样的事情：阅读、观察、思考、努力找出问题的答案，把事情记录下来。不过，科学家们却以一种具有创造性的新方法来做他们的工作，对科学家们来说，丰富的想象力才是真正的财产。像在本活动中的智力练习对于使大脑始终处于良好状态来说，是大有裨益的。

名人物语

朱尔斯·亨利·庞加莱

科学是建立在事实的基础上的，这就像房子是以石头为地基一样。不过，科学研究是由大量事实组成的。这与房子是，由大堆石头砌成的并无大的区别。

——朱尔斯·亨利·庞加莱

名人堂

朱尔斯·亨利·庞加莱（Jules Henri Poincare）

朱尔斯·亨利·庞加莱，法国数学家、天体力学家、数学物理学家、科学哲学家，1854年4月29日生于法国南锡，1912年7月17日卒于巴黎。庞加莱的研究涉及数论、代数学、几何学、拓扑学、天体力学、数学物理、多复变函数论、科学哲学等许多领域。他被公认是19世纪末和20世纪初的领袖数学家，是对于数学和它的应用具有全面知识的最后一个人。庞加莱在数学方面的杰出工作对20世纪和当今的数学造成极其深远的影响，他在天体力学方面的研究是牛顿以来的第二个伟大的里程碑，他对电子理论的研究被公认为相对论的理论先驱。

庞加莱特别爱好读书，读书的速度快得惊人，而且能对读过的内容迅速、准确、持久地记住。他甚至能讲出书中某件事是在第几页第几行中讲述的！庞加莱还对博物学发生过特殊的兴趣，《大洪水前的地球》一书据说给他留下了终身不忘的印象。他对自然史的兴趣也很浓，历史、地理的成绩也很优异。他在儿童时代还显露了文学才华，有的作文被老师誉为"杰作"。

庞加莱1862年进入南锡中学读书。初进校时虽然他的各科学习成绩十分优异，但并没有对数学产生特殊的兴趣。对数学的特殊兴趣大约开始于15岁，并很快就显露了非凡才能。从此，他习惯于一边散步，一边在脑中解数学难题。这种习惯一直保持终身。

1870年7月19日爆发的普法战争使得庞加莱不得不中断学业。法国战败了，法国的许多城乡被德军洗劫一空并被德军占领。为了了解时局，他很快学会了德文。他通过亲眼看到的德军的暴行，使他成了一个炽热的爱国者。

1871年3月18日，巴黎无产者举行了武装起义，普法的反动派又很快联合起来扑灭了革命烈火，庞加莱又继续上学了。1872年庞加莱两次荣获法国公立中学生数学竞赛头等奖，从而使他于1873年被高等工科学校作第一名录取。据说，在南锡中学读书时，他的老师就誉称他为"数学巨人"。高等工科学校为了测试他的数学才能还特意设计了一套"漂亮的问题"，一方面要考出他的数学天才；另一方面也为了避免40年前伽罗瓦的教训重演。

1875—1878年，庞加莱在高等工科学校毕业后，又在国立高等矿业学校学习工程，准备当一名工程师。但他却缺少这方面的勇气，且与他的兴趣不符。

1879年8月1日，庞加莱撰写了关于微分方程方面的博士论文，获得了博士学位。然后到卡昂大学理学院任讲师，1881年任巴黎大学教授，直到去世。这样，庞加莱一生的科学事业就和巴黎大学紧紧地连在一起了。

1906年，庞加莱当选为巴黎科学院主席；1908年，他被选为法国科学院院士，这是一位法国科学家所能达到的最高地位。1908年庞加莱因前列腺增大而未能前往罗马，虽经意大利外科医生做了手术，使他能继续如前一样精力充沛地工作，但好景不长。

1912年春天，庞加莱再次病倒了，7月9日作了第二次手术；7月17日在穿衣服时，突然因血栓梗死，在巴黎逝世，终年仅58岁！

庞加莱的研究涉及数论、代数学、几何学、拓扑学等许多领域，最重要的工作是在分析学方面。他早期的主要工作是创立自守函数理论（1878）。他引进了富克斯群和克莱因群，构造了更一般的基本域。

他利用后来以他的名字命名的级数构造了自守函数，并发现这种函数作为代数函数的单值化函数的效用。

1883年，庞加莱提出了一般的单值化定理（1907年，他和克贝相互独立地给出完全的证明）。同年，他进而研究一般解析函数论，研究了整函数的亏格及其与泰勒展开的系数或函数绝对值的增长率之间的关系，它同皮卡定理构成后来的整函数及亚纯函数理论发展的基础。他又是多复变函数论的先驱者之一。

庞加莱为了研究行星轨道和卫星轨道的稳定性问题，在1881—1886年发表的四篇关于微分方程所确定的积分曲线的论文中，创立了微分方程的定性理论。他研究了微分方程的解在四种类型的奇点（焦点、鞍点、结点、中心）附近的性态。他提出根据解对极限环（他求出的一种特殊的封闭曲线）的关系，可以判定解的稳定性。

1885年，瑞典国王奥斯卡二世设立"N体问题"奖，引起庞加莱研究天体力学问题的兴趣。他以关于当三体中的两个的质量比另一个小得多时的三体问题的周期解的论文获奖，还证明了这种限制性三体问题的周期解的数目同连续统的势一样大。这以后，他又进行了大量天体力学研究，引进了渐进展开的方法，得出严格的天体力学计算技术。庞加莱这一工作竟给N体问题的解决以及动力系统的研究带来巨大而无比深刻的影响：第一，庞加莱证明了对于N体问题在N大于二时，不存在统一的第一积分（uniform first integral）。也就是说即使是一般的三体问题，也不可能通过发现各种不变量最终降低问题的自由度，把问题化简成更简单可以解出来的问题，这打破了当时很多人希望找到三体问题一般的显式解的幻想。在一百年后学习微分方程课的人大多在第二个星期就从老师那里知道绝大多数微分方程是没法找到定量的解的，但一般都能从定性理论中了解更多解的性质，甚至可以通过计算机"看到"解的形状行为。而在庞加莱的年代，大多数数学家更热衷于用代数或幂函数方法找到解，使用定性方法和几何方法来讨论微分方程就是起源于庞加莱对于N体问题的研究，这彻底改变人们研究微分方程的基本想法。第二，为了研究N体问题，庞加莱发明了许多全新的数学工具。例如他完整地提出了不变积分（invariant integrals）的概念，并且使用它证明了著名的回归定理（recurrence theorem）。另一个例子是他为了研究周期解的行为，引进了第一回归映象（first return map）的概念，在后来的动力系统理论中被称为庞加莱映象。还有象特征指数（characteristic expontents），解对参数的连续依赖性（continuous dependence of solutions with respect to parameters）等等。所有这些都成了现代微分方程和动力系统理论中的基本概念。第三，庞加莱通过研究所谓的渐进解（asymptotic solut-ions），同宿轨道（homo-clinic orbits）和异宿轨道（hetro-clinic orbits），发现即使在简单的三体问题中，在这样的同宿轨道或者异宿轨道附近，方程的解的状况会非常复杂，以至于对于给定的初始条件，几乎是没有办法预测当时间趋于无穷时，这个轨道的最终命运。事实上半个世纪后，后来的数学家们发现这种现象在一般动力系统中是常见的，他们把它叫作稳定流形（stable manifold）和不稳定流形（unstable manifold）正态相交（intersects transversally）所引起的同宿交错网（homo-clinic tangle），而这种对于轨道的长时间行为的不确定性，数学家和物理学家称之为混沌（chaos）。庞加莱的发现可以说是混沌理论的开创者。

庞加莱还开创了动力系统理论，1895年证明了"庞加莱回归定理"。他在天体力学方面的另一重要结果是，在引力作用下，转动流体的形状除了已知的旋转椭球体、不等轴椭球体和环状体外，还有三种庞加莱梨形体存在。

庞加莱对数学物理和偏微分方程也有贡献。他用括去法证明了狄利克雷问题解的存在性，这一方法后来促使位势论有新发展。他还研究拉普拉斯算子的特征值问题，给出了特征值和特征函数存在性的严格证明。他在积分方程中引进复参数方法，促进了弗雷德霍姆理论的发展。

庞加莱对现代数学最重要的影响是创立组合拓扑学。1892年他发表了第一篇论文，1895-1904年，他在六篇论文中建立了组合拓扑学。他还引进贝蒂数、挠系数和基本群等重要概念，创造流形的三角剖分、单纯复合形、重心重分、对偶复合形、复合形的关联系数矩阵等工具，借助它们推广欧拉多面体定理成为欧拉—庞加莱公式，并证明流形的同调对偶定理。

庞加莱的思想预示了德·拉姆定理和霍奇理论。他还提出庞加莱猜想，在"庞加莱的最后定理"中，他把限制性三体问题的周期解的存在问题，归结为满足某种条件的平面连续变换不动点的存在问题。

庞加莱在数论和代数学方面的工作不多，但很有影响。他的《有理数域上的代数几何学》一书开创了丢番图方程的有理解的研究。他定义了曲线的秩数，成为丢番图几何的重要研究对象。他在代数学中引进群代数并证明其分解定理。第一次引进代数中的左理想和右理想的概念。证明了李代数第三基本定理及坎贝尔—豪斯多夫公式。还引进李代数的包络代数，并对其基加以描述，证明了庞加莱—伯克霍夫—维特定理。

庞加莱对经典物理学有深入而广泛的研究，对狭义相对论的创立有贡献。他从1899年开始研究电子理论，首先认识到洛伦兹变换构成群（1904年），第二年爱因斯坦在创立狭义相对论的论文中也得出相同结果。

庞加莱的哲学著作《科学与假设》《科学的价值》《科学与方法》也有着重大的影响。他是约定主义哲学的代表人物，认为科学公理是方便的定义或约定，可以在一切可能的约定中进行选择，但需以实验事实为依据，避开一切矛盾。在数学上，他不同意罗素、希尔伯特的观点，反对无穷集合的概念，赞成潜在的无穷，认为数学最基本的直观概念是自然数，反对把自然数归结为集合论。这使他成为直觉主义的先驱者之一。

1905年，匈牙利科学院颁发一项奖金为10000金克朗的鲍尔约奖。这个奖是要奖给在过去25年为数学发展作出最大贡献的数学家。由于庞加莱从1879年就开始从事数学研究，并在数学的几乎整个领域都作出杰出贡献，因而此项奖又非他莫属。

庞加莱猜想

如果我们伸缩围绕一个苹果表面的橡皮带，那么我们可以既不扯断它，也不让它离开表面，使它慢慢移动收缩为一个点。另一方面，如果我们想象同样的橡皮带以适当的方向被伸缩在一个轮胎面上，那么不扯断橡皮带或者轮胎面，是没有办法把它收缩到一点的。我们说，苹果表面是"单连通的"，而轮胎面不是。大约在一百年以前，庞加莱已经知道，二维球面本质上可由单连通性来刻画，他提出三维球面（四维空间中与原点有单位距离的点的全体）的对应问题。这个问题立即变得无比困难，从那时起，数学家们就在为此奋斗。

一位数学史家曾经如此形容1854年出生的亨利·庞加莱（Henri Poincare）："有些人仿佛生下来就是为了证明天才的存在似的，每次看到亨利，我就会听见这个恼人的声音在我耳边响起。"庞加莱作为数学家的伟大，并不完全在于他解决了多少问题，而在于他曾经提出过许多具有开创意义、奠基性的大问题。庞加莱猜想，就是其中的一个。

1904年，庞加莱在一篇论文中提出了一个看似很简单的拓扑学的猜想：在一个三维空间中，假如每一条封闭的曲线都能收缩到一点，那么这个空间一定是一个三维的圆球。但1905年发现提法中有错误，并对之进行了修改，被推广为："任何与n维球面同伦的n维封闭流形必定同胚于n维球面。"后来，这个猜想被推广至三维以上空间，被称为"高维庞加莱猜想"。

猜想的简单比喻

如果你认为这个说法太抽象的话，我们不妨做这样一个想象：

我们想象这样一个房子，这个空间是一个球。或者，想象一只巨大的足球，里面充满了气，我们钻到里面看，这就是一个球形的房子。

我们不妨假设这个球形的房子墙壁是用钢做的，非常结实，没有窗户没有门，我们现在在这样的球形房子里。拿一个气球来，带到这个球形的房子里。随便什么气球都可以（其实对这个气球是有要求的）。这个气球并不是瘪的，而是已经吹成某一个形状，什么形状都可以（对形状也有一定要求）。但是这个气球，我们还可以继续吹大它，而且假设气球的皮特别结实，肯定不会被吹破。还要假设，这个气球的皮是无限薄的。

好，现在我们继续吹大这个气球，一直吹。吹到最后会怎么样呢？庞加莱先生猜想，吹到最后，一定是气球表面和整个球形房子的墙壁表面紧紧地贴住，中间没有缝隙。

我们还可以换一种方法想想：如果我们伸缩围绕一个苹果表面的橡皮带，那么我们可以既不扯断它，也不让它离开表面，使它慢慢移动收缩为一个点；另一方面，如果我们想象同样的橡皮带以适当的方向被伸缩在一个轮胎面上，那么不扯断橡皮带或者轮胎面，是没有办法把它收缩到一点的。

为什么？因为，苹果表面是"单连通的"，而轮胎面不是。

看起来这是不是很容易想清楚？但数学可不是"随便想想"就能证明一个猜想的，这需要严密的数学推理和逻辑推理。一个多世纪以来，无数的科学家为了证明它，绞尽脑汁甚至倾其一生还是无果而终。

圆点相遇时

科学研究包括解决问题。你能够在使铅笔不离开纸的情况下把这9个圆点连接起来吗？

材料：纸；铅笔。

步骤：

1. 按下图画9个圆点。

2. 对你提出的挑战就是在使铅笔不离开纸的情况下，把这些圆点连接起来。你得用几条线？怎样用五条线连接？四条线怎么连？你能只用三条线完成连接吗？

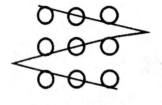 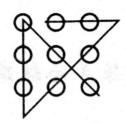 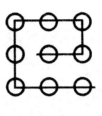

　　假设有一个装着半杯盐粒与一匙胡椒粒的塑料袋，怎样能把胡椒粒拿出来？虽然，没有唯一正确的答案，但这个问题确实需要科学的解决办法。例如，你可以把胡椒一粒一粒地挑出来（但那样做既慢又令人厌烦）。你可以使盐在热水中溶解，然后用一块布把溶液过滤出来。你能想出多少种办法来呢？

话题：科学方法　决策

　　当在城市中用马拉车时，人们通常给马戴上眼罩。马的眼罩就像墙一样把外界的事物隔开。马戴上眼罩后就不会受到惊吓。尽管眼罩对马来说很有用，但人在心理上的障眼物能使其无法解决简单的问题。本活动的关键是要以除正方形外的其他方式来观察这个由圆点组成的图案。

棘手的玻璃杯

解决问题的办法之一就是要从不同角度考虑这个问题。你能只移动一下其中的一个杯子，使这些杯子以某种方式重新排列吗？

材料：6只水杯；水。

步骤：

1.如图所示，将三只空杯和三只装满水的杯子放好。

2.提出的挑战是通过移动或接触其中的一个杯子，使这些杯子按照一只装满水、一只空杯的顺序排列。

一种办法：拿起第四只水杯，把里面的水倒到第一只杯子里，再把第四只杯子放回原位，这样问题就迎刃而解了！

假设你在抽屉里面装了8只白袜子和8只黑袜子，这些尺码相同的袜子被混在一起。如果你闭上眼睛从抽屉里往外拿袜子，要拿出多少只才能保证至少有一双配对的袜子。

答案：

三只，在拿出两只袜子后，第三只袜子或者是白色的，或者是黑色的。

话题：解决问题　决策

科学发现经常发生的原因是有些人能够找到解决问题的方法。这种办法对于许多其他人来说，也许并不如此明显。在这些活动中，人们通常把他们的选择加上不必要的限制——就像以为把水从一个杯子倒到另一个杯子中是不"合法"的一样。

灌铅的指头

"如果我……会发生什么?"解决问题的过程包括对你做的事情结果的猜测。有时你会对实际发生的事情感到很惊讶。

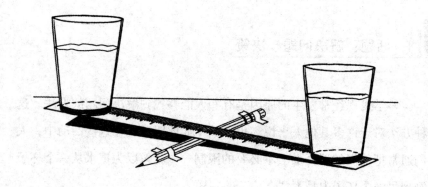

材料: 两只较轻的水杯;水;铅笔(不要十分圆的铅笔,最好是多棱的);硬木尺子,胶带。

步骤:

1.将铅笔的一个平面向下,用胶带贴在水平桌面上。

2.使尺子在铅笔上处于平衡状态。

3.倒入两只水杯约2／3的水。

4.把两只水杯放在尺子的两端，使之平衡，以格尺不接触桌面为准。

5.猜想一下如果你把手指伸到一只水杯中，会发生什么情况？

6.把手指的一部分伸入一杯水中（不要碰杯子本身）。把手指从水杯中拿出，再放到另一只水杯中。你对所发生的想象感到惊讶吗？为什么会发生这种现象呢？

尺子和铅笔就像一个小的跷跷板。试着让物体在跷跷板上平衡（如硬币），如果两端重量相等，会发生什么现象？如果重量不等，又会发生什么情况？（例如一端摆三个硬币.另一端摆6个硬币），试着将一端或两端的硬币向尺子的中心移动，你能够使重量平衡吗？接下来试着把质量不等的重物再放到尺子的两端，但这次通过移动尺子在铅笔上的位置。（例如：使铅笔距尺子的一端接近）来使之平衡。

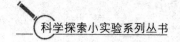

 话题：解决问题　力　测量

　　有时事情并不像你所想象的那样发生。这时向你提出的挑战就是查出为什么事情没有像你所预测的那样发生。当你刚把手指伸入水中时，为什么这杯会变重？你的手指取代了一些水的位置（把水挤走）。由于你的手指占据了一些水的位置，杯子中的水位会升高。原来在你的手指位置的水依然在杯子里；你的手指增加了杯子中水的体积，就像你往杯子中倒进了水一样。这样就增加了这杯水的重量。

方向改变时

你可以通过从不同角度看问题，来解决它们。你能够移动三角形中的硬币，来改变三角形的指向吗？

材料： 10枚硬币或碎纸片。

步骤：

1.如图所示，用硬币摆成一个三角形。

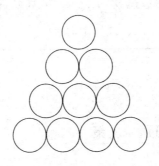

2.向你提出的挑战是只移动这些物体中的三个，使三角形指向相反的方向。

一种可能的解决的办法：

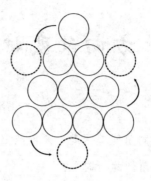

下面字母是按照逻辑顺序排列的：O、T、T、F、F、S，你能分辨出这种格式吗？接下来四个字母应该是什么？

答案：

接下来的字母是S、E、N、T其顺序是一、二、三、四、五、六、七、八、九、十。

话题：解决问题　决策

解决问题的方法之一是直接进行试验，这叫作尝试。如果你能够在感到灰心失望之前，就能找到解决方法的话，这种方法还是不错的。解决硬币问题一种更好的办法是设想一下要达到的目标，然后再从目标开始逆向思考、解决办法。

搭桥的纸币

解决问题通常要了解事物的工作原理。你能够想出一种用一张纸币制成的桥来支撑一个玻璃杯的办法呢？

材料：

一只质量较轻的玻璃杯或茶杯；一张新纸币面值不限或一张纸；两个玻璃杯或一本书作为桥的支座。

步骤：

1.仅有的材料是桥的支座，玻璃杯和纸币。向你提出的挑战是把这张纸横放在两个支座上，使这张纸币能够支撑玻璃杯的质量。

另一个纸币戏法：用左手的拇指和食指捏住纸币的一角。让另一个人把拇指和食指放在纸币中间部分的两侧，做好抓住纸币的准备。告诉这个人在纸币下落的时候抓住，但不要告诉他或她你什么时候松手。重力使下落物体的速度，逐渐加快。纸币会以大约1／8秒的时间从这个人的指间飞速划过，除非作弊，否则没有人会以那么快的速度把纸币抓住。

话题：解决问题　力

这个活动的关键在于理解桥的物理特性。顺长将纸币折叠起来，会使其刚性加大（更加坚硬），玻璃杯向下的作用力是沿着纸币的长度而分配的。

真正的桥梁建筑者必须解决许多问题。建造拱形的水泥桥时，先要向起加固作用的钢筋周围浇灌混凝土，混凝土由临时的木制模板支撑，直至硬化为止。混凝土是一部分一部分灌注的。钢拱是每次一个，通过铆或焊建成的。先从桥的两端建起，直到两端在中间相接时，才算完成。在桥拱建完之前，桥不能支持自身的重力。因此，在建筑过程中，必须有临时的支座支持着。在一些地方，可能在桥的下方建一些脚手架。在无法搭脚手架的地方，可以在未完工的拱的前端到拱的后端临时的塔楼间架一条沉重的钢索，作为支撑。与建一座真正的桥梁相比，用纸币搭桥要容易得多。

空气动力和阻力的大PK

如果你明白空气动力学原理，那么要使一张纸和一个硬币同时落到地面上就不成问题。

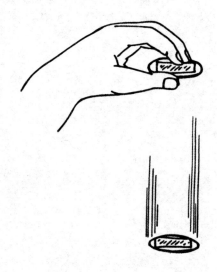

材料：（美国、加拿大）两角五分硬币；纸张。

步骤：

1.把一片纸剪开或撕开，使它的大小比一枚两角五分硬币略小（当把纸放在硬币的上面时，纸的任何一角都不要露出去）。

2.向你提出的挑战是在相同的高度，同时让硬币和纸片下落，并使纸片和硬币同时触地。有人能做到吗?

3.窍门:将纸片放在硬币的上面(确保纸片的任何一角都不露出硬币)。把纸片向下按到硬币上,使两个平面接触越紧越好。这样做的目的是防止空气从纸片的下面流入,把它吹离硬币。要让硬币和纸片同时下落,并保证硬币在下落时呈水平状态。

4.变化:把纸片放在硬币的下面也一样行得通。因为在两个物体下落的时候,硬币紧压着纸片。这种纸片在硬币下的方法在做的时候会更困难一些。你必须以很快的速度把手指从纸的下面抽出来,而且在使纸片和硬币下落的时候,不能移动纸片在硬币下的位置。

话题:解决问题 飞行 空气 力

空气对运动的物体施加一种摩擦力。空气阻力的大小取决于物体的形状和速度。流线型或平滑的平面可以减小阻力。纸片缓缓地飘落到地面的原因是阻力反作用于重力的结果。阻力也作用于下落的硬币,但硬币的重量反作用于阻力。如果纸片被正确地放在硬币的上面。硬币便挡住了纸片由于在空气中运动所受的力。于是,纸片和硬币同时落到地上。如果没有空气的话(假如在月球上),从同一高度下落的物体都会同时落到地面上。

把一张扑克牌的窄边朝下，让其从空中落下，你能让它完全垂直下落吗？再试着以平握扑克牌，然后使其下落。在第一种情况下，窄边从空中划过，由于扑克牌两边遇到的空气阻力不同，即使是轻微的差异，也很可能使扑克牌偏离方向。在第二种情况下，空气冲击扑克牌的背面，而不是正面。扑克牌下落的速度减慢了，变得更加平稳了，因而也就更直了。

有力道的吸管

能把一根吸管穿过一个生土豆吗？能只用一根吸管就把一个饮料瓶子提起来吗？如果你知道吸管的力量的秘密，应付这些挑战就不成问题。

问题：为了防止冰块融化，可以用纸板、布、纸、铝箔和塑料等材料做一个"绝热"的容器，来存放冰块。绝热体是热的不良导体。它能够使冰块与房间中的热空气隔离，保持冰块周围的冷空气的温度，最好的绝热体是什么？

材料：塑料吸管；土豆（由于缺少水分，存放时间长的土豆不好使）；饮料瓶。

步骤：

1.吸管和土豆：你能把一个吸管从一个生土豆中间穿过去吗？把一个土豆放在桌子的边上，用大拇指和食指握住吸管的上部，用最大

的力量，把吸管垂直地从土豆的上面插下去。你
可能需要用一些时间和几根吸管才能成功。不过
你应该能够找到力量和角度的最佳结合。

2. 吸管和塑料瓶：你能够不碰瓶子的外面部
分，就用一根吸管把饮料瓶提起来吗？解决这个
问题的诀窍是把吸管的一部分折弯，然后把折弯
的吸管伸到瓶子里面。弯曲的部分卡住瓶颈，这
样就可以把瓶子提起来了。

话题：解决问题　力

吸管的力量要比你想象的大。尽管如果你横着把它折弯，它会
变得很软，可是当竖着对它施加推力或拉力时，它会变得很结实。
使吸管穿过土豆的诀窍是使吸管与土豆表面呈直角，用力向下插。
塑料吸管相当锋利，而且由于运动速度很快，在其弯曲之前就已经
穿透了土豆。你可以用一根吸管去提饮料瓶。折弯吸管意味着你对
吸管长、直部分施加的拉力可以纵向沿着吸管，在短、弯部分转化
为对瓶子的推力。

往回滚动的球

解决一个问题通常意味着要在找到有效的办法之前，进行一系列尝试。怎样能使一个沿着桌面旋转的球滚回原来的位置呢？

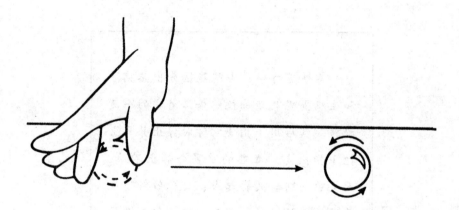

材料：任意一种小球（例如：高尔夫球或乒乓球）；一个光滑的平面。任选——大球；足球；排球或篮球等其他球。

步骤：

1.向你提出的挑战是在像桌面那样光滑平面上旋转一个球，使这个球滚回到出发点。

2.开始时的一种好办法是轻松地把皮球前后滚动，从右手到左手，熟悉球性。

3.一旦熟悉了球性，试着滚动、滑动，旋转皮球。你想出什么办法来解决这个问题了吗？

4.窍门：用右手推住球，大拇指放在球的上面，另一个手指（食指）放在下面，指关节挨着光滑的平面。把手向左轻轻一甩，同时用大拇指和其他手指使球向相反的方向旋转。

5.要想精通球技需要多长时间呢？用大小不同和质量不同的球试验，每种球都能返回来吗？用一种方法适用于所有的球吗？

怎样不打碎鸡蛋就能区分出熟鸡蛋和生鸡蛋呢？让一枚鸡蛋沿着它的一侧旋转。然后用手指使它暂时停止并马上把手指撤走。煮熟的鸡蛋会静止不动，而生鸡蛋则会又转起来，当你暂时使生鸡蛋停止转动时，里面的液体仍然在转动，因此使生鸡蛋又一次转了起来，这与牛顿第一定律（惯性）的部分内容有关，在不受外力作用的情况下，运动的物体将保持原状态。

话题：解决问题　力

　　这里面的窍门是猛地一甩，使球向前运动，而手指使球同时向后旋转。皮球看起来是在向前滚动，实际上却是在滑动。一旦向前运动力被旋转抵消，球便朝着相反的方向滚动。这种向前滑动和向后旋转的运动方式就像汽车轮胎离开打滑的地方，在轮胎着地后，向相反方向运动一样。对于体积和质量不同的皮球，你要使用不同的方法，你也可以侧转或以不同角度旋转。

纸条撕撕撕

有时候解决问题也要认识到局限性。把一张纸撕成大小相等的三份并不像你想象中的那么简单!

材料：不同种类的纸几张；剪刀——任选。

步骤：

1.如图所示，把一张纸（或一小片纸）撕或剪成三部分。

2.向你提出的挑战是握住纸的两个上角将纸撕开，使中间那张掉下来。有人能做到吗?

3.如果有人认为这张纸已经被人以某种特殊的方式撕好或剪好了，那么他们自己拿纸来试验。无论是谁先撕开了这张纸，要想中间那张纸条掉下去都是不可能的。

4.扩展活动：每种纸的用途都不同。试着用不同类型的纸做这个活动（如餐巾纸、打印纸、食品袋），有哪种纸撕起来更容易些吗?

怎样能把一枚生鸡蛋扔出去，而不打碎它呢？找两个自愿者，每人握住一个双人床单的两角（一角高于他们的头部，另一角在他们的腰部）。想在你尽可以用力把鸡蛋朝床单扔去。无论你扔的时候用多大劲，除非鸡蛋滑出了床单的边，否则它都不会碎，这是为什么呢？使物体减速所需时间越长，所需力就越小（例如：在车祸中，硬的方向盘会比带缓冲的仪表板先使你的头部停止向前冲）。

话题：解决问题　力

当你把一张纸撕成三等份时所需要控制的全部条件都列出来时，你就会认识到为什么那是几乎不可能的了。先前把纸部分撕成三条的两下必须是完全一致的；这三条必须是大小完全一致的；纸张的密度必须是完全一致的；你必须在纸的两边以相同的速度，用相同的力量把纸撕开。纸和其他材料一样，在最不结实的地方先受到力的作用，在纸上先撕开的两处是最不结实的地方。当你拉动纸的两边时，较不结实的一面会先裂开。这样一来，使得本来不结实的裂口更加不结实，因此，再用力只会先撕断在那一点上的纸条。

关于纸张的疑问

怎么才能使一枚大的硬币穿过纸上的一个小孔呢？怎样才能在纸上造一个能够让人走过去的大洞呢？

材料：（美国、加拿大）25分硬币，5分镍币，一角银币；铅笔；几张信纸大小的纸；剪刀。

步骤：

1.小洞：在一张纸的中间描绘出一枚一角银币的轮廓。将这个圆剪去，形成一个洞。对你提出的挑战是在不撕破纸的条件下，把一枚5分镍币从小孔中穿过。其窍门是顺长将这张纸松散地对折，把5分镍币放在对折的小孔处。用力握住纸的底部小孔的两侧。向上方对折成两个双层的角，硬币就会从孔中滑落。当你熟练掌握使5分镍币穿过小孔的技巧之后，再接着用一枚25分的硬币试

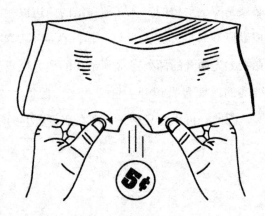

一下。

2.大洞：向你提出的挑战是在一张信纸大小的底上做一个大得可以让人走过去的洞。先把这张纸对折。如图所示，从纸的两面交替剪到距纸边约1.5厘米处。第一下和最后一下必须从折叠的那面剪。只要剪的次数是奇数，而且是按照图中所示的图案剪的，剪多少下都可以。剪的次数越多，最后形成的孔就越大，围成这个孔的周围的边就越窄。当你剪完后，沿着折叠处将上、下切口之间剪开。小心地把纸打开，轻拉纸的顶部和底部，就会形成一个大的纸环。最小需要用多大的纸，能做一个大得能让人走过去的洞呢？

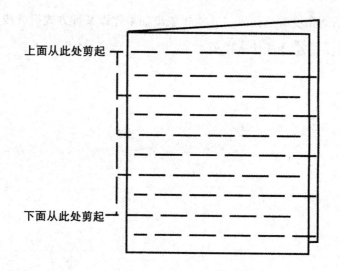

你从我身上拿走的越多，我就变得越大，我是什么？

答案：

一个洞。

话题：解决问题　测量

一张纸可以妙趣横生。可以把它撕开，折叠，剪切或揉皱。要想解决这些有关纸的难题，你需要考虑对一张纸可能使用的所有办法。你要以不同角度看这张纸，并能想象出如果你以某种方式折叠或剪切这张纸后，它会变成什么样子。

逆向连子玩玩转

要想赢这个游戏的话，你得先输掉！你要先考虑在正常情况下做这个游戏时使用的策略，然后按照与其恰恰相反的办法去做。

材料： 纸张；铅笔。

步骤：

1.画一个正规的连子游戏板。用 X 和 O 作棋子来玩这个游戏。

2.迫使你的对手在一行里连续放三个棋子，你便获胜。在正常的连子游戏里，如下图所示在一行里连续放三个棋子的一方为胜方，而在逆向连子游戏中，他（她）就成了负方。

话题：解决问题

游戏有时可以颠倒过来做，此时的目的就变成了迫使对手去赢，逆向连子游戏要比正常的游戏复杂。做这个游戏的时候，后走的一方占有很大优势，如果走得正确，总能迫使对手去赢。唯一的例外出现在先下的一方在第一步把棋子下在方块的中央时。在这种情况下，如果先下的一方总是把棋子下在与他的对手走的最后一步方向正相反的方块里（这样三个棋子在一条线上），游戏就会以和局结束。对付从中心先下子一方的最好办法是每次都留给他最多的获胜机会。

火山岛谜团

一艘失事船上的旅客被困在一座火山岛上。你该怎样利用仅有的材料把他们输送到安全地带？

材料：能够标出这些"岛屿"的东西（如铅笔和纸、三块石头）；三根木棍或纸条。

步骤：

1.把这些"岛屿"按照等腰三角形"即两条边长度相等"的形状摆好。A、B两岛之间的距离相大约为15厘米，B、C之间应为30厘米。

2.有三座用木棍做成的"桥"。一座桥比A、B之间的距离略短

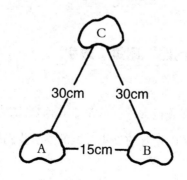

（大约13厘米），第二座桥比B、C之间的距离略短（大约28厘米）最后有一座桥的长度大约为20厘米。

3.有一艘船在海上失事了，该船上的旅客被困在A岛上，岛上的

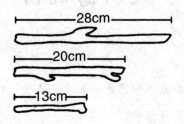

火山正在喷发。B岛比A岛要安全一些，但是B岛上的火山也在隆隆作响，C岛是最安全的。向你提出的挑战是只许使用上面提供的桥，想出一个到达C岛的办法。

一种可能的解决方法：

不用

话题：解决问题　测量　数字

这个"火岛"问题包含了一些基本几何概念，人们可以利用他们的几何知识，或者是以过时的逐步尝试的办法找到解决办法。

有一个流行的古老的猜谜游戏，这个游戏要你猜出罐子里有多少个小的东西。猜得最多的人会获得奖励。攻克这个问题的科学方法是什么呢？假如你想弄清楚罐中有多少粒干豌豆，先称一下罐的重量，然后称一个小茶杯的重量，将茶杯中装满豌豆，再称其重量，减去茶杯的重量，得到豌豆的重量，数一下茶杯中豌豆的个数量，用整罐豌豆的总重量除以样本的质量，用样本中的豌豆数量乘以上面的商，就可以算出罐子中豌豆的总数了。可获得奖励！

钉在树上的尾巴

一些问题需要共同解决，提出的挑战是把一条丝带挂到树上尽可能高的地方。

材料：粗实的大树或木杆；一堵墙；一条丝带或一条纸；腰带；测量用的卷尺——备选。

步骤：

1.大家分成组（每组5到10人，年龄越小，人数越少），目标是把一条丝带挂在树上尽可能高的地方。

2.基本规则：每个人的身体至少要与另外一个人的身体接触，不允许爬树，只允许用上面提到的材料，必须在很短的时间内完成这项工作。

3.安全：每个人都应明白他不仅要完成任务，而且要对保证他的人身安全负责。一些人要作为监督员，每次当有人要进行爬、跳或举的动作前，要先问监督员是否已做好准备。如果有人掉了下来，监督员要做的不是把他接住，而是把手连起来像垫子那样来缓冲摔下来的人的力量。

4.当把丝带成功的放到树上或到了时间这项活动就结束了，用一块胶带把丝带粘牢。

5.用卷尺或你自己发明的测量方法（如用鞋的长度）来测定丝带的高度。

6.这个活动做完后，大家通常都是希望打破自己的或别的组的记录。

话题：解决问题　人类行为

在这项活动中，大家必须在一些受到限制的条件下（如一个人的胳膊只能伸那么高）互相合作，想出好的策略。没有唯一可循的办法。下面这一些可行的办法，大家可以站在相互的肩膀上或叠罗汉。

小鳄鱼皮特

问题：12只鳄鱼在围着小岛游戏，在鳄鱼离去前，小岛上的各位怎样才能保持平衡呢？

材料：大石块，盒子或垫（大小应视人的数量和质量而定）或其他任何能作为"小岛"的物体。

步骤：

1.确保安全：假定的小岛不应有任何的棱角或突起的部分，而且必须是一个非常稳固的结构。所谓的"水"应定柔软的平面，如地毯或草地。一部分人应作为去保护跌倒的人。

2.设置背景：岛周围的水域中布满鳄鱼。鳄鱼们都已是饥肠辘辘？岛上的人只有在鳄鱼离开后才能得救。

3.挑战：活动开始时每个人都必须在岛上各就各位，并持续到鳄鱼离去用哪些方法解决这个难题呢？

4.在岛上保持10秒钟的平衡状态是很不容易的。在活动开始前定好目标时间，在达到第一个目标时间后，试着延长保持平衡的时间。

话题：解决问题　力

"小鳄鱼皮特"活动：结合起来解决疑难，身体灵活性及平衡能力。对个体力量，体形差异考虑等问题，没有唯一正确的方法。有一个比较好的方法就是参与者围成一个圆圈彼此相对着保持平衡。他们在石块或盒子上站稳，伸出手臂就能在岛上保持相对平衡。

复杂运动

复杂的活动

把一张大版面报纸的双页打开。用右手（如果你是左撇子，也可用左手）握住报纸的一角。只用这一只手把报纸揉成一个密实的纸球。做起来并不像你想的那么容易，是不是？

仔细观察下列字母：

XYYXZXYZXYYXZXY（接下来的三个字母应该是什么？）

答案：接下来的三个字母应该是Z、X和Y。排列的形式是一个X后面的2个Y和一个X。接着是一个Z后面跟着XYZ。这种排列形式不断重复。

试将一些球体、圆盘和圆环从山坡上滚下来，每次所有的球体都会撞击圆盘，而圆盘会撞击圆环。这与物体的重量和大小并无关系。物体的滚动速度与物体的重心分布情况直接相关。球体的重量紧紧分布在它重心的周围，所以它滚动的速度最快。

怎样才能用一块破烂的纸片做出一个很规格的直角呢？解决这个问题的窍门是将这张纸在大约中央处对折，然后沿对折直线再对折。

大声、快速地念单词"ace"，持续30秒左右。当时间到时，你念的单词是什么？你很可能正在读单词"say"！

用手指在一个人的后背上写一行字，来代替口头要传递的信息。这是交际过程中一个很富有挑战性的活动！

名人物语

"也许人们会觉得不可思议：这个奇妙的世界并不是神秘不可测的，而是能够为人们所认识和了解的。"

——阿尔伯特·爱因斯坦

名人堂

阿尔伯特·爱因斯坦（Albert Einstein）

爱因斯坦的幽默故事

一般而言，一个人的幽默能力与其智商或情商成正相关，睿智的人通常也是幽默的高手。滑稽只能逗人笑、逗你玩，而幽默则是让你笑了以后还会悟出许多"潜伏"的道理。幽默是智慧的一种直观反映，是知识积累、人生态度、情趣与洞察力的综合体现。

爱因斯坦是一位伟大的科学家，也是一位幽默大师。爱因斯坦的一生与科学和幽默相伴，无论在什么场合，爱因斯坦都喜欢用充满幽默的情感和语调与人交流。那些含蓄、深沉、诙谐、隽永的语言，揭示出深刻的科学哲理和人生态度，给人启迪，耐人寻味，其味无穷。

第1个幽默故事

爱因斯坦出席了一次为他举办的正式宴会，男宾都打领带，女宾都穿裸肩的礼服。

他的太太因感冒未曾参加，见爱因斯坦回家，就急忙询问宴会的情形。

于是，爱因斯坦告诉她，今晚有哪些著名的科学家出席。

太太打断他的话，问："不要管那些，你告诉我太太们穿的什么衣服？"

"我可真的不知道，"爱因斯坦认真地回答，"从桌子以上的部分看，她们没有穿什么东西。而在桌子以下的那部分，我可不敢偷看。"

第2个幽默故事

在一次特意为爱因斯坦举行的舞会上，美国各地的"社会名流"喋喋不休地赞扬、吹捧他，让他坐立不安。

当肉麻的吹捧升级为热昏的胡说时，爱因斯坦再也忍受不住了，他拍着沙发站了起来，说："谢谢你们对我的赞扬！如果我相信这些赞扬是出自真诚的内心，那么我应该是一个疯子。因为我知道我不是一个疯子，所以我不相信，也不愿意再听到你们这些令人作呕的赞誉！"

第3个幽默故事

爱因斯坦在美国演讲，有人问："你可记得声音的速度是多少？你如何记下许多东西？"

爱因斯坦轻松答道："声音的速度是多少，我必须查辞典才能回答。因为我从来不记在辞典上已经印着的东西，我的记忆力是用来记忆书本上没有的东西。"

第 4 个幽默故事

1930 年，德国出版了一本批判相对论的书，书名叫作《一百位教授出面证明爱因斯坦错了》。

爱因斯坦闻讯后，耸耸肩道："100 位？干吗要这么多人？只要能证明我真的错了，哪怕是一个人出面也就足够了。"

第 5 个幽默故事

20 世纪 30 年代，爱因斯坦有一次在巴黎大学演讲说："如果我的相对论证实了，德国会宣布我是个德国人，法国会称我是世界公民。但是，如果我的理论被证明是错的，那么，法国会强调我是个德国人，而德国会说我是个犹太人。"

第 6 个幽默故事

一天，爱因斯坦在冰上滑了一下，摔倒在地。

他身边的人忙扶起他，说："爱因斯坦先生，根据相对论的原理，你并没摔倒，对吗？只是地球在那时忽然倾斜一下？"

爱因斯坦说："先生，我同意你的说法，可这两种理论对我来说，感觉都是相同的。"

第 7 个幽默故事

一个爱说废话而不爱用功的青年，缠着爱因斯坦要他公开成功的秘诀。

爱因斯坦厌烦了，便写了一个公式给他：$A = x + y + z$。

爱因斯坦解释道："A 代表成功，x 代表艰苦的劳动，y 代表正确的方法……"

"z 代表什么？"青年迫不及待地问。

"代表少说废话。"爱因斯坦说。

第8个幽默故事

爱因斯坦的一位朋友给他打电话。

末了，她要求爱因斯坦把她的电话号码记下来，以便以后通话。

"我的电话号码很长，挺难记。"

"说吧，我听着。"爱因斯坦并没有拿起笔。

"24361。"

"这有什么难记的?"爱因斯坦说，"两打与十九的平方，我记住了。"

第9个幽默故事

爱因斯坦的二儿子爱德华问他："爸爸，你究竟为什么成了著名的人物呢?"

爱因斯坦听后，先是哈哈大笑，然后意味深长地说："你瞧，甲壳虫在一个球面上爬行，可它意识不到它所走的路是弯的，而我却能意识到。"

第10个幽默故事

爱因斯坦被带到普林斯顿大学他的办公室那天，有人问他需要什么工具。

"我看，一张书桌、一把椅子和一些纸张铅笔就行了。啊，对了，还要一个大废纸篓。"他说。

"为什么要大的?"

"好让我把所有的错误都扔进去。"

第11个幽默故事

有一次，一个美国女记者走访爱因斯坦，问道："依您看，时间和永恒有什么区别呢？"

爱因斯坦答道："亲爱的女士，如果我有时间给您解释它们之间的区别的话，那么，当你明白的时候，永恒就消失了！"

第12个幽默故事

一次，群众包围了从德国移居美国的爱因斯坦的住宅，要他用"最简单的话"解释清楚他的"相对论"。

当时，据说全世界只有几个科学家看得懂他关于"相对论"的著作。

爱因斯坦走出住宅，对大家说："比方这么说——你同你最亲的人坐在火炉边，一个钟头过去了，你觉得好像只过了5分钟！反过来，你一个人孤孤单单地坐在热气逼人的火炉边，只过了5分钟，但你却像坐了一个小时。——喏，这就是相对论！"

第13个幽默故事

爱因斯坦晚年的时候，身患重病，严重影响了他的日常生活和物理学研究。

并且，随着时间的一天天推移，他的病情逐渐恶化。

医生对他的病情非常地担心，时时关注他的身体健康状况，生怕哪里出了什么闪失。毕竟，自己医疗护理的可不是一般人，他是20世纪最伟大的科学家啊！

然而，爱因斯坦却对自己的病情并不十分在意，他认为生老病死是人生的一个自然规律，不论你是凡夫俗子，还是伟人名流，谁都逃不过这个自然法则。与其在害怕死亡中惶恐不安，还不如多把时间花到更有意义的事情上，以一颗平常和坦然的心去看待它。

因此，他与医生治疗配合的积极性并不高，常常不把医生对他的建议放在心上，有时甚至还忘了服药。一次，医生给他检查了病情后，配了一些药，叫他立即服用，并在一旁守着看他吃下。

爱因斯坦虽然不大在意，但还是顺从地吃下了药片，看到医生放心地松了口气，他便向医生说道："医生，这下你觉得好些了吗?"

第14个幽默故事

爱因斯坦在美国普林斯顿大学任教时，曾在暑假前的学期结束会上发表过一个简短而风趣的演说。

当时学生们询问爱因斯坦在学术上有无新发现，他不得不即席宣布："我有一个发现：两点之间的最短距离，是指暑假的开端到暑假的结束。祝诸位暑假愉快!"

第15个幽默故事

一天，爱因斯坦在纽约的街道上遇见一位老朋友。

"爱因斯坦先生，"这位朋友说，"你似乎有必要添置一件新大衣了。瞧瞧，你身上这件多旧呀!"

"这有什么关系？反正我刚到纽约，谁也不认识我。"爱因斯坦回答说。

几年后，他们又偶然相遇。这时，爱因斯坦已成为一个闻名遐迩的大物理学家了，但他还是穿着那件旧大衣。他的朋友又不厌其烦地劝他去换件新大衣。

"何必呢!"他说，"反正这儿每个人都已经认识我了。"

爱因斯坦给友人的信

一天，我在伯尔尼的专利局收到一个大信封，里面装着一张精美华丽的信纸，纸片上用花体字（我甚至认为是拉丁文）印了一些似乎与我无关，并且毫无趣味的东西。因此我随手就把他扔进了办公室的废纸篓里。后来我才知道，那是邀请我去参加加尔文庆祝典礼的请帖，上面还宣布我已被授予日内瓦大学荣誉博士学位……

庆典活动结束时举行了我一生中所参加过的最为风声豪华的宴会。我问坐在我身边的一位日内瓦显贵："你知道如果加尔文至今还健在，他来到这里会干什么吗？"他说他不知道，并反问我意下如何，我说："他肯定会点燃一堆熊熊烈火把我们这些罪恶的贪吃鬼统统烧死。"那位显贵再也没有吭声，这就是我对这次值得纪念的庆祝活动的回忆。

摘自《爱因斯坦谈人生》

爱因斯坦的故事

20世纪最伟大的物理学家阿尔伯特·爱因斯坦于1879年3月14日出生在德国西南的乌耳姆城，一年后随全家迁居慕尼黑。爱因斯坦的父母都是犹太人，父亲赫尔曼·爱因斯坦和叔叔雅各布·爱因斯坦合开了一个为电站和照明系统生产电机、弧光灯和电工仪表的电器工厂。母亲玻琳是受过中等教育的家庭妇女，非常喜欢音乐，在爱因斯坦六岁时就教他拉小提琴。

爱因斯坦小时候并不活泼，三岁多还不会讲话，父母很担心他是哑巴，曾带他去给医生检查。还好小爱因斯坦不是哑巴，可是直到九岁时讲话还不很通畅，所讲的每一句话都必须经过吃力但认真的思考。

在四五岁时，爱因斯坦有一次卧病在床，父亲送给他一个罗盘。当他发现指南针总是指着固定的方向时，感到非常惊奇，觉得一定有什么东西深深地隐藏在这现象后面。他一连几天很高兴的玩这罗盘，还纠缠着父亲和雅各布叔叔问了一连串问题。尽管他连"磁"这个词都说不好，但他却顽固地想要知道指南针为什么能指南。这种深刻和持久的印象，爱因斯坦直到六十七岁时还能鲜明的回忆出来。

爱因斯坦在念小学和中学时，功课属平常。由于他举止缓慢，不爱同人交往，老师和同学都不喜欢他。教他希腊文和拉丁文的老师对他更是厌恶，曾经公开骂他："爱因斯坦，你长大后肯定不会成器。"而且因为怕他在课堂上会影响其他学生，竟想把他赶出校门。

爱因斯坦的叔叔雅各布在电器工厂里专门负责技术方面的事务，爱因斯坦的父亲则负责商业的往来。雅各布是一个工程师，自己就非常喜爱数学，当小爱因斯坦来找他问问题时，他总是用很浅显通俗的语言把数学知识介绍给他。在叔父的影响下，爱因斯坦较早的受到了科学和哲学的启蒙。

父亲的生意做得并不好，但却是一个乐观和心地善良的人，家里每星期都有一个晚上要邀请来慕尼黑念书的穷学生吃饭，这样等于是救济他们。其中有一对来自立陶宛的犹太兄弟麦克斯和伯纳德，他们都是学医科的，喜欢阅读书籍、兴趣广泛。他们被邀请来爱因斯坦家里吃饭，并和羞答答、长着黑头发和棕色眼睛的小爱因斯坦交成了好朋友。

麦克斯可以说是爱因斯坦的"启蒙老师"，他借了一些通俗的自然科学普及读物给他看。麦克斯在爱因斯坦12岁时，给了他一本施皮尔克的平面几何教科书。爱因斯坦晚年回忆这本神圣的小书时说："这本书里有许多断言，比如，三角形的三个高交于一点，它们本身虽然并不是显而易见的，但是可以很可靠地加以证明，以致任何怀疑似乎都不可能。这种明晰性和可靠性给我留下了一种难以形容的印象。"

爱因斯坦还幸运地从一部卓越的通俗读物中知道了自然科学领域里的主要成果和方法，科普读物不但增进了爱因斯坦的知识，而且拨动了年轻人好奇的心弦，引起他对问题的深思。

爱因斯坦16岁时报考瑞士苏黎世的联邦工业大学工程系，可是入学考试却告失败。他接受了联邦工业大学校长以及该校著名的物理学家韦伯教授的建议，在瑞士阿劳市的州立中学念完中学课程，以取得中学学历。

1896年10月，爱因斯坦跨进了苏黎世工业大学的校门，在师范系学习数学和物理学。他对学校的注入式教育十分反感，认为它使人没有时间，也没有兴趣去思考其他问题。幸运的是，窒息真正科学动力的强制教育，在苏黎世的联邦工业大学要比其他大学少得多。爱因斯坦充分的利用学校中的自由空气，把精力集中在自己所热爱的学科上。在学校中，他广泛的阅读了赫尔姆霍兹、赫兹等物理学大师的著作，他最着迷的是麦克斯韦的电磁理论。他有自学本领、分析问题的习惯和独立思考的能力。

1900年，爱因斯坦从苏黎世工业大学毕业。由于他对某些功课不热心，以及对老师态度冷漠，被拒绝留校。他找不到工作，靠做家庭教师和代课教师过活。在失业一年半以后，关心并了解他才能的同学马塞尔·格罗斯曼向他伸出了援助的手。格罗斯曼设法说服自己的父亲把爱因斯坦介绍到瑞士专利局去做一个技术员。

爱因斯坦终身感谢格罗斯曼对他的帮助。在悼念格罗斯曼的信中，他谈到这件事时说，当他大学毕业时，"突然被一切人抛弃，一筹莫展的面对人生。他帮助了我，通过他和他的父亲，我后来才到了哈勒（时任瑞士专利局局长）那里，进了专利局。这有点像救命之恩，没有他我大概不至于饿死，但精神会颓唐起来。"

1902年2月21日，爱因斯坦取得了瑞士国籍，并迁居伯尔尼，等待专利局的招聘。1902年6月23日，爱因斯坦正式受聘于专利局，任三级技术员，工作职责是审核申请专利权的各种技术发明创造。1903年，他与大学同学米列娃·玛丽克结婚。

1900—1904年，爱因斯坦每年都写出一篇论文，发表于德国《物理学杂志》。头两篇是关于液体表面和电解的热力学，企图给化学以力学的基础，以后发现此路不通，转而研究热力学的力学基础。1901年提出统计力学的一些基本理论，1902—1904年间的三篇论文都属于这一领域。

1904年的论文认真探讨了统计力学所预测的涨落现象，发现能量涨落取决于玻尔兹曼常数。它不仅把这一结果用于力学体系和热现象，而且大胆地用于辐射现象，得出辐射能涨落的公式，从而导出维恩位移定律。涨落现象的研究，使他于1905年在辐射理论和分子运动论两方面同时做出重大突破。

1905年，爱因斯坦在科学史上创造了一个史无前例奇迹。这一年他写了6篇论文，在3月—9月这半年中，利用在专利局每天8小时工作以外的业余时间，在3个领域做出了4个有划时代意义的贡献，他发表了关于光量子说、分子大小测定法、布朗运动理论和狭义相对论这四篇重要论文。

1905年3月，爱因斯坦将自己认为正确无误的论文送给了德国《物理年报》编辑部。他腼腆地对编辑说："如果您能在你们的年报中找到篇幅为我刊出这篇论文，我将感到很愉快。"这篇"被不好意思"送出的论文名叫《关于光的产生和转化的一个推测性观点》。

这篇论文把普朗克1900年提出的量子概念推广到光在空间中的传播情况，提出光量子假说。认为：对于时间平均值，光表现为波动；而对于瞬时值，光则表现为粒子性。这是历史上第一次揭示了微观客体的波动性和粒子性的统一，即波粒二象性。

在这文章的结尾，他用光量子概念轻而易举的解释了经典物理学无法解释的光电效应，推导出光电子的最大能量同入射光的频率之间的关系。这一关系10年后才由密立根给予实验证实。1921年，爱因斯坦因为"光电效应定律的发现"这一成就而获得了诺贝尔物理学奖。

这才仅仅是开始，阿尔伯特·爱因斯坦在光、热、电物理学的3个领域中齐头并进，一发不可收拾。1905年4月，爱因斯坦完成了《分子大小的新测定法》，5月完成了《热的分子运动论所要求的静液体中悬浮粒子的运动》。这是两篇关于布朗运动的研究的论文。爱因斯坦当时的目的是要通过观测由分子运动的涨落现象所产生的悬浮粒子的无规则运动，来测定分子的实际大小，以解决半个多世纪来科学界和哲学界争论不休的原子是否存在的问题。

3年后，法国物理学家佩兰以精密的实验证实了爱因斯坦的理论预测。从而无可非议的证明了原子和分子的客观存在，这使最坚决反对原子论的德国化学家、唯能论的创始人奥斯特瓦尔德于1908年主动宣布："原子假说已经成为一种基础巩固的科学理论"。

1905年6月，爱因斯坦完成了开创物理学新纪元的长论文《论运体的电动力学》，完整的提出了狭义相对论。这是爱因斯坦10年酝酿和探索的结果，它在很大程度上解决了19世纪末出现的古典物理学的危机，改变了牛顿力学的时空观念，揭露了物质和能量的相当性，创立了一个全新的物理学世界，是近代物理学领域最伟大的革命。

狭义相对论不但可以解释经典物理学所能解释的全部现象，还可以解释一些经典物理学所不能解释的物理现象，并且预言了不少新的效应。狭义相对论最重要的结论是质量守恒原理失去了独立性，他和能量守恒定律融合在一起，质量和能量是可以相互转化的。其他还有比较常讲到的钟慢尺缩、光速不变、光子的静止质量是零等等。而古典力学就成了相对论力学在低速运动时的一种极限情况。这样，力学和电磁学也就在运动学的基础上统一起来。

1905年9月，爱因斯坦写了一篇短文《物体的惯性同它所含的能量有关吗?》，作为相对论的一个推论。质能相当性是原子核物理学和粒子物理学的理论基础，也为20世纪40年代实现的核能的释放和利用开辟了道路。

在这短短的半年时间，爱因斯坦在科学上的突破性成就，可以说是"石破天惊，前无古人"。即使他就此放弃物理学研究，即使他只完成了上述三方面成就的任何一方面，爱因斯坦都会在物理学发展史上留下极其重要的一笔。爱因斯坦拨散了笼罩在"物理学晴空上的乌云",迎来了物理学更加光辉灿烂的新纪元。

吸水进行时

科学包括要以一种有条理的方法来回答问题。下面就运用科学的方法，观察当一块海绵晾干时，会出现什么现象。

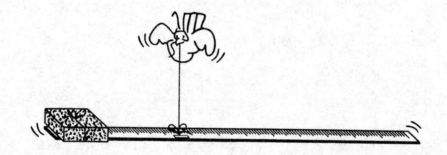

材料：大块海绵；水；小水杯；米尺；细线；胶带纸；铅笔。

步骤：

1.先提一个问题：当一块海绵晾干时，会出现什么情况？

2.现在开始收集与问题相关的信息。充分利用你的观察力来了解海绵的特性。当海绵干燥时，把它拿起来，它有多重？看上去是什么样子的？手感怎样？用水杯慢慢地往海绵上倒水，看它究竟能吸多少水？当海绵吸满水时，有多重？与干海绵相比有何不同之处？

3.运用你所学过的知识，对海绵干燥后的情形做一个猜测，并把它写下来。

4.下一步验证你的假说。让海绵吸水，然后尽力揉干。不管你用多大力气挤，海绵仍然会是湿的。把湿海绵绑在直尺的一端，把一根细绳缠绕在直尺上，并用胶带粘牢。使海绵与直尺的另一端保持平衡状态记录下当时的时间，画出这个装置此时的状态图。在半小时内，每隔5分钟记录一次时间，并画一张直尺的状态图。（注：依海绵和空气的温度、湿度不同，观察的间隔可长可短。）

5.你的假说成立吗？在半小时内，海绵和直尺有什么变化？第一个问题的答案是什么？当海绵中的水蒸发时，它会逐渐变轻。科学方法的最后一步就是向别人阐述你的发现。可以利用你画的图来辅助解释说明。

话题：科学方法　物质的状态

科学是一种看世界的方法。科学就像一个为认识世界而做的游戏。在做游戏时，必须遵循一种被称为"科学方法"的特殊规则，科学方法包括下面五个步骤：①提出问题；②收集与问题相关的资料；③建立一个假说（对问题的答案做猜测）；④验证假说；⑤向其他人讲述你的发现。

名人物语

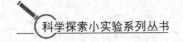

"真正宝贵的东西是直觉。"

——阿尔伯特·爱因斯坦

名 人 堂

爱因斯坦名言录

· 感情和愿望是人类一切努力和创造的背后动力。

· 学习知识要善于思考，思考，再思.我就是靠这个方法成为科学家的。

· 成功＝艰苦劳动＋正确方法＋少说空话。

· 一个人的价值，应该看他贡献什么，而不应当看他取得什么。

· 人只有献身于社会，才能找出那短暂而有风险的生命的意义。

· 人只能有献身社会，才能找出那实际上是短暂而有风险的生命的意义。

· 只要你有一件合理的事去做，你的生活就会显得特别美好。

· 成功＝艰苦的劳动＋正确的方法＋少说空话。

· 不管时代的潮流和社会的风尚怎样，人总可以凭着自己高贵的品质，超脱时代和社会，走自己正确的道路。现在，大家都为了电冰箱、汽车、房子而奔波、追逐、竞争。这是我们这个时代的特征了。但是也还有不少人，他们不追求这些物质的东西，他们追求理想和真理，得到了内心的自由和安宁。

· 在真理和认识方面，任何以权威者自居的人，必将在上帝的戏笑中垮台！

· 凡在小事上对真理持轻率态度的人，在大事上也是不足信的。

· 在真理的认识方面，任何以权威者自居的人，必将在上帝的戏笑中垮台！

· 在所阅读的书本中找出可以把自己引到深处的东西，把其他一切统统抛掉，就是抛掉使头脑负担过重和会把自己诱离要点的一切。

· 决不要把你们的学习看成是任务，而是一个令人羡慕的机会。为了你们自己的欢乐和今后你们工作所属社会的利益，去学习……

· 知识不能单从经验中得出，而只能从理智的发明同观察到的事实两者比较中得出。

· 科学研究好像钻木板，有人喜欢钻薄的；而我喜欢钻厚的。

· 一个人在科学探索的道路上，走过弯路，犯过错误，并不是坏事，更不是什么耻辱，要在实践中勇于承认和改正错误。

· 对一个人来说，所期望的不是别的，而仅仅是他能全力以赴和献身于一种美好事业。

· 我没有什么特别的才能，不过喜欢寻根刨底地追究问题罢了。

· 我从来不把安逸和快乐看作是生活目的本身——这种伦理基础，我叫它猪栏的理想。

· 只有热爱才是最好的教师。

· 提出一个问题往往比解决一个问题更重要。因为解决一个问题或许只是一种技能，而提出新的问题。新的可能性，从新的角度去看问题，却需要有创造性的想象力，而且标志着科学的进步。

· 学习知识要善于思考，思考，再思考。

· 想象力比知识更重要，因为知识是有限的，而想象力概括着世界上的一切，推动着进步，并且是知识进货的源泉。严格地说，想象力是科学研究中的实在因素。

· 人只有献身于社会，才能找出那短暂而有风险的生命的意义。

· 我从来不把安逸和享乐看作是生活目的本身。

· 人们努力追求的庸俗的目标——财产、虚荣、奢侈的生活，我总觉得都是可鄙的。

· 不管时代的潮流和社会的风尚怎样，人总可以凭着自己高贵的品质，超脱时代和社会，走自己正确的道路。现在，大家都为了电冰箱、汽车、房子而奔波、追逐、竞争。这是我们这个时代的特征了。但是也还有不少人，他们不追求这些物质的东西，他们追求理想和真理，得到了内心的自由和安宁。

· 成功 = 艰苦劳动 + 正确的方法 + 少说空话。

· 如果一个掌握了他的学科的基础理论，并且学会了独立地思考和工作，他必定会找到他自己的道路，并且比起那种主要以获得细节知识为其培训内容的人来，他一定会更好地适应进步和变化。

· 世间最美好的东西，莫过于几个有头脑和心地都很正直的严正的朋友……

· 倘若 A 代表人生的成功，那么公式是：A = X Y Z。X 是工作，Y 是游戏，Z 是保持缄默。

· 想象力比知识更重要，因为知识是有限的，而想象力概括着世界上的一切，推动着进步，并且是知识进步的源泉。

· 在科学上，每一条道路都应该走一走。发现一条走不通的道路，就是对于科学的一大贡献。

· 我们的科学史，只写某人某人取得成功，在成功者之前探索道路的，发现"此路不通"的失败者统统不写，这是很不公平的。

· 科学研究基于同一法则，即一切事物的产生取决于自然规律，这也适用于人们的行动。

· 若无某种大胆放肆的猜想，一般是不可能有知识的进展的。

· 我生平喜欢步行，运动给我带来了无穷的乐趣。

· 在天才和勤奋之间，我毫不迟疑地选择勤奋，它几乎是世界上一切成就的催生婆。

· 不要努力成为一个成功者，要努力成为一个有价值的人。

· 每个人都有一定的理想，这种理想决定着他的努力和判断的方向。就在这个意义上，我从来不把安逸和快乐看作生活目的的本身——这种伦理基础，我叫它猪栏的理想。

· 学习知识要善于思考，思考，再思. 我就是靠这个方法成为科学家的。

· 我从来不记在辞典上已经印有的东西。我的记忆力是运用来记忆书本上还没有的东西。

· 在天才和勤奋两者之间，我毫不迟疑地选择勤奋，她是几乎世界上一切成就的催产婆。

· 凡在小事上对真理持轻率态度的人，在大事上也是不可信任的。

· 我们一来到世间，社会就会在我们面前竖起了一个巨大的问号，你怎样度过自己的一生？我从来不把安逸和享乐看作是生活目的本身。

· 对真理的追求要比对真理的占有更可贵。

· 教育就是当一个人把在学校所学全部忘光之后剩下的东西。

· 想象力比知识更重要，因为知识是有限的，而想象力概括着世界的一切，推动着进步，并且是知识进化的源泉。严格地说，想象力是科学研究中的实在因素。

· 用一个大圆圈代表我所学到的知识，但是圆圈之外是那么多空白，对我来说就意味着无知。而且圆圈越大，它的圆周长就越长，它与外界空白的接触面也就越大。由此可见，我感到不懂的地方还大得很呢。

· 提出一个问题往往比解决一个问题更重要，因为解决问题也许仅是一个数学上或实验上的技能而已。而提出新的问题、新的可能性，从新的角度去看旧的问题，却需要有创造性的想象力，而且标志着科学的真正进步。

· 如果一个人掌握了他的学科的基础理论，并且学会了独立地思考和工作，他必定会找到他自己的道路。而且，比起那种主要以获得细节知识为其培训内容的人来，他一定会更好地适应进步和变化。

· 好奇心的存在，自有它的道理。

· 不是每件可以算数的事都可以计算，不是每件可以计算的事都可以算数。

· 命运为了惩罚我蔑视权威，于是使我自己也成为一个权威。

· 唯一会妨碍我学习的是，我所受到的教育。

· 在我审视我自己和我的思考方式时，我的结论是：在吸收有益的知识方面，奇思玄想的天赋对我而言，比我的才干更重要。

· 很少有人能镇定地表达与他们的社会环境之偏见相左的意见。大多数人甚至无法形成这种意见。

· 数学法则只要与现实有关的，都是不确定的；若是确定的，都与现实无关。

· 科学是一件美好的事，如果人无须赖此维生的话。

· 书读得太多，而脑筋用得太少的人，都会落入懒得思考的习惯。

· 任何聪明的傻瓜都可以让事情更大、更复杂、更激烈。要往反方向发展需要一丝天分以及许多勇气。

· 伟大的心灵总是会遭逢凡夫俗子顽强的抵抗。

· 凡是自命为知识与真理领域的评审员的人，都会被众神的讪笑所毁灭。

· 真实只是一种幻觉，尽管是一种挥之不去的幻觉。

· 我没有特殊天赋，我只是极为好奇。

· 整个科学只不过是每日思考的精练。

· 如果我们知道我们在做什么，那就不能称为研究了，不是吗？

· 这个世界最令人不解的事情是，它是可以理解的。

· 重点是：发展儿童般渴望认知的欲望，并将这儿童引导至关重要的社会领域。

· 物理学的概念是人类心智的自由产物，它不是全然由外在世界决定的，无论它看来是否如此。

· 不是我聪明，只是我和问题周旋得比较久。

· 坚持不懈就是天才。

· 时间存在的唯一理由是，如此才不会所有事情同时发生。

· 创意的奥秘是知道如何隐藏你的来源。

· 不曾犯错的人什么新生事物都没试过。

· 如果A代表人生的功成名就，A＝xyz。x代表工作，y代表游戏，z代表闭嘴。

· 重要的是，不要停止质疑。

· 用自己的眼睛看，用自己的心感受的人屈指可数。

· 在小事上对真理持轻率态度的人，在大事上也是不足信的。

· 人生不管时代的潮流和社会的风尚怎样，人总可以凭着自己高贵的品质，超脱时代和社会，走自己正确的道路。

· 通向人类真正的伟大境界的通道只一条苦难的道路。

· 实笃一个人只有以他全部的力量和精神致力于某一事业时，才能成为一个真正的大师。因此，只有全力以赴才能精通。

· 没有牺牲，也就绝不可能有真正的进步。

· 一个人被工作弄得神魂颠倒直至生命的最后一息，这的确是幸运。

· 简单淳朴的生活，无论在身体上，还是精神上，对每个人都是有益的。

· 推动你的事业，不要让你的事业推动你。

· 为了使每个人都能表白他的观点而无不利的后果，在全体人民中，必须有一种宽容的精神。

· 最重要的宽容就是国家和社会对个人的宽容。

· 真正有价值的东西不是出自雄心壮志或单纯的责任感；而是出自对人和对客观事物的热爱和专心。

· 一个人的真正价值，首先决定于他在什么程度上和在什么意义上从自我解放出来。

· 我们把教育定义如下：人的智慧决不会偏离目标。所谓教育，是忘却了在校学的全部内容之后剩下的本领。

· 学校的目标应是培养有独立行动和独立思考的人。

· 我没有什么特别的才能，不过是喜欢寻根究底地追求问题罢了。

· 人生中有时候一个人为不花钱得到的东西付出的代价最高。

· 对于我来说，生命的意义在于设身处地替人着想，忧他人之忧，乐他人之乐。

· 一个人对社会的价值，首先取决于他的感情、思想和行动对增进人类利益有多大作用。

· 只有为他人而生活的生命才是值得的。

· 照亮我的道路，并且不断地给我新的勇气去愉快地正视生活的理想，是善、美和真。

· 由百折不挠的信念所支持的人的意志，比那些似乎是无敌的物质力量具有更大的威力。

· 信念最好能由经验和明晰的思想来支持。

· 有不少人，他们不追求那些物质的东西，他们追求理想和真。

· 只有献身社会，才能找到那实际上是短暂而有风险的生命的意义。

· 我每天上百次地提醒自己：我的精神生活和物质生活都依靠着别人的劳动，我必须尽力以同样的分量来报偿我所领受了的和至今还在领受着的东西。

· 在一个崇高的目的支持下，不停地工作，即使慢，也一定会获得成功。

· 我认为对于一切情况，只有"热爱"才是最好的老师。

· 求学如植树，春天开花，秋天结果实。

· 世界上，宇宙中，有多少难解的谜啊……还是抓紧时间工作吧！

· 我从不想未来，它来得太快。

· 雄心壮志或单纯的责任感不会产生任何真正有价值的东西，只有对于人类和对于客观事物的热爱与献身精神，才能产生真正有价值的东西。

· 启发我并永远使我充满生活乐趣的理想是真、善、美。

· 不管时代的潮流和社会的风尚怎样，人总可以凭着自己高贵的品质，超脱时代和社会，走自己正确的道路。现在，大家都为了电冰箱、汽车、房子而奔波、追逐、竞争。这是我们这个时代的特征了。但是也有不少人，他们不追求这些物质的东西，他们追求理想和真理，得到了内心的自由和安宁。

· 我评定一个人的真正价值只有一个标准，即：看他在多大程度上摆脱了"自我"，他摆脱了"自我"又是为什么。

· 最好把一个人的爱好和职业尽可能远的分开。把一个的生计所在和上帝所赐的禀赋硬凑在一起，那是不明智的。

粘你没商量

多粘才算粘？多结实才算结实？用科学的方法来试验不同类别胶带的黏性及强度。

材料：纸张；铅笔；不同类别的胶带（比如透明胶、魔术胶、长条胶带、绝缘胶带、毡布胶、双面胶）；硬币或沉而小的东西；一块毛纤维；直尺。

步骤：

1.首先提出关键性问题：哪一种胶带最结实？哪一种最有黏性？

2.用各种观察技巧来收集有关这些问题的资料。不同类别的胶带看起来有怎样的差别？不同类别的胶带手感怎样？其中一些胶带比其他胶带黏性更强吗？你将如何使用不同类别的胶带？为什么用过了一会儿的胶带就会失去黏性？

3.运用你所学过的知识，猜测一下哪种胶带黏性最大，哪种最结实。为什么你认为某种胶带更黏或更结实？记下你的假设。现在开始进行验证。

4.黏性测试：从桌面的边缘垂下相同长度的不同种胶带。使一小截胶带粘在桌面上，另外长的一端垂下去，往每条胶带上粘相同的小东西，直到胶带被坠下桌面。数一下每条胶带坠落之前上面所粘的物体的个数，记下这些数字。

5.另一种黏性测试：往每种胶带上反复地黏上、揭下同样的纤维。数一下每种胶带在失去黏性之前，能够黏住多少次这种纤维。记下这些数据。

6.强度测试：剪几段相同长度的各种类别的胶带。两个人，各站一端，用力去拽同一条胶带。哪些胶带会断开？哪些没有？没有断开的那些胶带，它们伸长了多少？记下这些数据。

7.你的假设成立吗？哪一种胶带最粘？哪种最结实？科学方法的最后一步还要向其他人解释你的发现。可以借助你的笔记来解释所发生的一切。

▉ 话题：科学方法

几千年来，人们一直是从生物身上获得各种线——从羊身上得到毛线，从亚麻作物纺出亚麻线，用蚕丝织成丝线，直到有一天一位科学家碰到一件很意外的事情。1878年，一位法国化学家希莱尔·德·沙贺道奈准备拍一张照片，当他在冲洗照片的暗房中准备一个湿的玻璃盘时，不小心碰洒了一种化学药品。他没有立刻将其擦干。后来当他擦时，那种液体已经变黏了。他擦拭时，那种黏稠的液体变成了线。德·沙贺道奈注意到那些线看起来像丝。他的这个偶然发现为人们日后发明人造丝打下了基础。

每当你在试验中比较两种不同事物时，你一定要保证这种比较是公平的。在这个实验中所用的每种胶带都应有同等的机会成为最好的。例如：所有的胶带都要尺寸相同，在测试它们的黏性时，黏到它们上面的物体（如一角的硬币）应该是一样的。这就要控制变量。这里的变量就是在实验中你能更改的东西。

无论你在什么时候运用科学的方法，都要记住这仅是一般步骤。科学的法则是灵活多变的，科学家怎样进行科学研究与我们描述的科学步骤通常是不一样的。我们描述的科学实验缺少实验失败后的错误结果，直觉，实验中的挫折及失误。而最常缺少的还是那种只有在科学探索中才能经历的充满挑战、挫折和兴奋的过程。

当下沉遭遇上浮

先做实验，找出哪些物体在水中上浮，哪些下沉，然后做一个可乐飘浮实验，不要用装冰激凌的饮料杯，而是要用整听的饮料杯。

材料：一桶水；能上浮的物体及能下沉的物体（像石头、木棍、钥匙、软木塞、图钉、曲别针——包括外表相象但质地不同的物体，比如乒乓球与高尔夫球、塑料汤匙及金属汤匙、塑料扣子与金属扣子）几听标准可乐、几听不含咖啡的因开胃可乐。

步骤：

1.基本测验：把这些物体分为两组——你认为能上浮的一组，你认为会下沉的一组。用一桶水来测试，验证你的预测。

2.下定义："下沉"是什么意思？"上浮"呢？考察一些很矛盾的情形，比如，当你把一个通常情况下飘浮的杯子按到水底时，它便会下沉。

3.正式实验：把一听普通可乐和一听不含咖啡因的开胃可乐放进一桶水中，通常，普通饮料会沉下去，而不含咖啡因的开胃可乐会浮起来。每种饮料各试验几听。为什么普通可乐会下沉而不含咖啡因的开胃饮料会浮起来呢？也许，这听饮料的含量大于另一听，或许一个罐子的质量大于另一个。或者咖啡因的含量造成了这种区别。也可能与二氧化碳产生的泡沫有关。再就可能是由于蔗糖与人造糖的重量不等造成的。

4.扩展活动：按照科学的方法，检验你做的关于几听饮料上浮下沉的假设。记住科学方法只是一个导向。你要培养自己的创造性思维。如果你一开始就发现一些现象没有任何道理，比如，一些普通可乐下沉而其他的可乐上浮——那么就要多问几个为什么？

话题：科学方法　交流　力

讲科学远不仅仅是只遵循科学的方法。它意味着要有创造性。它还意味着全面地考虑事物。正如你要用语言表达自己的意思一样。例如：塑料扣子在水中会下沉还是飘浮？假如你将一颗塑料扣子按到水底，它就可能沉在水底。如果你将它小心地放在水面上，它就会浮在那里。一粒扣子是下沉还是上浮决定于你给"下沉"和"上浮"下的定义。你必须阐明你的定义。因为对你来说具有某种意义的一个词对另一个来说可能有着不同的含义。人们要通过观察，充分地交换意见，最后为术语下定义。例如：几个人反复地用一个物体在水中进行上浮、下沉的实验后，他们得出一个共同的定义：如果你把一个物体一直按到装满水的容器的底部，松手后，此物体在水底不动，那么它就是一个下沉物。于是这个定义就被用于其他的实验中，在这些实验里每个人都用同样的方法使物体下沉。

名人物语

不，不！你不是在思考；你只是在运用逻辑。

——尼尔斯·玻尔

名人堂
尼尔斯·玻尔（Niels Henrik David Bohr）

尼尔斯·玻尔

尼尔斯·玻尔，丹麦物理学家。他通过引入量子化条件，提出了玻尔模型来解释氢原子光谱，提出对应原理，互补原理和哥本哈根诠释来解释量子力学，在物理学界形成了举世闻名的"哥本哈根学派"，对20世纪物理学的发展影响深远。玻尔还是一位杰出的人道主义者和社会活动家，当法西斯注意在欧洲横行的时候，他曾帮助一大批德国和意大利学者免遭迫害。第二次世界大战中，为了反对法西斯，他参加研制原子弹。战后，他又是呼吁和平利用原子能的知名人士。

玻尔于1885年10月7日出生丹麦哥本哈根一知识分子家庭。他的父亲是丹麦皇家科学文学院的院士，是一位著名的生理学教授．玻尔自幼就受到家庭浓厚的科学、哲学、文学和艺术气氛的熏陶，这使他知识视野很广，大学毕业后同卢瑟福共创原子科学的新时代。

1911年，玻尔获得哥本哈根大学的博士学位，同年10月，到英国剑桥大学卡文迪许实验室深造。第二年3月，他转到曼彻斯特大学，在卢瑟福领导的实验室工作，卢瑟福进行了一项开创原子时代的研究工作，即通过α粒子在原子上的大角度散射实验，证明原子的绝大部分质量是集中在一个极为微小的原子核中，它的尺度只有原子的万分之一，这一发现使玻尔认识到，原子世界的奥秘和量子有密切的关系，牛顿力学和经典的电动力学是不适用于原子现象的。于是玻尔一头扎进卢瑟福的实验室里，不分昼夜地工作，当时，卢瑟福实验室中，分离放射性元素的失败使玻尔提出有些原子的电子数相同，但原子核的质量不同，这些原子因而有着完全相同的化学性质，但有着不同的原子量。玻尔指出的那些原子，后来被称为"同位素"。

与此同时，玻尔还用卢瑟福的原子模型分析了荷电粒子在通过物质时的行为，推导出它在物质里的射程与它的速度的关系．玻尔在推导过程中考虑是如此详尽，使量子力学建立后所做的更精确的推导只给出微小的修正。1912年7月，玻尔回到丹麦，在曼彻斯特停留的短短四个月中，使他从经典电动力学不适用于原子领域这个观念向前跨出了关键的一大步，形成了把普朗克和爱因斯坦的量子理论用于决定原子状态的想法。由于对卢瑟福的仰慕，玻尔于1912年3月到曼彻斯特大学在卢瑟福领导下工作了4个月，当时正值卢瑟福提出了他的原子核式模型，人们把原子设想成与太阳系相似的微观体系，但是在解释原子的力学稳定性和电磁稳定性上却遇到了矛盾，这时玻尔开始酝酿自己的原子结构理论。玻尔早在大学作硕士论文和博士论文时，就考察了金属中的电子运动，并明确意识到经典理论在阐明微观现象方面的严重缺陷，赞赏普朗克和爱因斯坦在电磁理论方面引入的量子学说，在他研究原子结构问题时，就创造性地把普朗克的量子说和卢瑟福的原子核概念结合了起来。在玻尔离开曼彻斯特大学以前，曾向卢瑟福呈交了一份论文提纲，引入了定态的概念，给出了定态应满足的量子条件。

玻尔经过几个月努力的探索，在1913年初提出了他著名的原子理论，这个理论的基本假设有两个：原子系统只能处在一系列能量分立的稳态上；原子系统可以从一个稳态跃迁到另外一个稳态上，这时伴随着光辐射量子的发射或吸收．有朋友建议他研究原子结构，应很好地联系和应用当时已有的丰富而精确的光谱学资料，这使他思路大开。通过对光谱学资料的考察，玻尔的思维和理论有了巨大的飞跃，使他写出了"论原子构造和分子构造"的长篇论著，提出了量子不连续性，成功地解释了氢原子和类氢原子的结构和性质。

玻尔的理论随即在卢瑟福的实验室里接受了氦原子光谱实验的考验。当时新发现了一系列的谱线，发现者认为它们是氢原子发出的，但是和玻尔的理论不符；而玻尔指出这是氦发出的，实验证明玻尔是正确的。这样，玻尔的理论随即被用于分析各种谱线，获得了巨大的成功。由于他对原子结构模型的研究，他获得了1922年的诺贝尔物理学奖。

玻尔并没有停留在已取得的成就上，他清楚地意识到他的理论远不是一个完善的理论，还只是一个经典理论和量子理论的混合。摆在玻尔面前的是建立一个能在微观现象中描述量子过程的基本的力学。为此，玻尔提出他著名的"对应原理"，寻求经典理论与新的量子理论对原子系统的描述的对应关系。虽然应用"对应原理"的论证得到很多重要的结果，但玻尔很清楚，他的理论还不是一个完整的理论。玻尔在1925年7月指出："经典电动力学所需的推广，要求对迄今为止人们探索到的对自然的描述来一次深刻的革命，对此必须有所准备"。

这次革命在几个月之内就发生了。这是由年轻的海森堡在玻尔的"对应原理"的思想引导下掀起的，其后经过玻恩、约当、狄拉克、薛定谔等许多物理学家的努力，一门描述原子现象的新的力学——量子力学建立起来了，这是玻尔一直在追求的。从1916年起，丹麦为玻尔建立起一个理论物理研究所，在他身旁聚集了一批出类拔萃的年轻物理学者，玻尔他们的影响是很大的、深远的。在确立微观现象与宏观现象的物理规律的本质上的差异方面，在建立新力学和哥本哈根解释的艰巨过程中，玻尔所起的指导作用是会永远加载物理学史册的。此外，他还是新力学的强有力的辩护士，但这使他卷入一场与爱因斯坦毕生的学术争论中。物理学家为这场争论感到幸运，因为争论的每一个回合都使人们对量子力学的本质有更深入的了解。

玻尔发展了复合原子核的理论，而且从复合原子核和原子核的液滴图像出发，结合统计物理的方法，建立起原子核裂变的理论。这又是一个开创性的工作，对后来原子能的应用所起的作用是十分重要的。

1920年在玻尔筹划下创立的哥本哈根大学理论物理研究所，在创立量子力学的过程中，成为世界原子物理研究中心。这个研究所不但以其一批批出色的科学成就而为人所知，而且以其无与伦比的哥本哈根精神著名，这就是勇猛进取、乐观向上、亲切活泼、无拘无束的治学风气，各种看法通过辩论得到开拓和澄清。玻尔担任这个研究所的所长达四十年，起了很好的组织作用和引导作用。

1921年，玻尔发表了"各元素的原子结构及其物理性质和化学性质"的长篇演讲，阐述了光谱和原子结构理论的新发展，诠释了元素周期表的形成，对周期表中从氢开始的各种元素的原子结构做了说明，同时对周期表上的第72号元素的性质作了预言。

1922年，人们发现了这种元素铪，证实了玻尔预言的正确，同年玻尔获诺贝尔物理学奖。玻尔认识到他的理论并不是一个完整的理论体系，还只是经典理论和量子理论的混合。他的目标是建立一个能够描述微观尺度的量子过程的基本力学。为此，玻尔提出了著名的"对应原理"，即宏观与微观理论，以及不同领域相似问题之间的对应关系。对应原理指出经典理论是量子理论的极限近似，而且按照对应原理指出的方向，可以由旧理论推导出新理论。这在后来量子力学的建立发展过程中得到了充分的验证。玻尔的学生海森堡在对应原理的指导下，寻求与经典力学相对应的量子力学的各种具体对应关系和对应量，由此建立了矩阵力学。对应理论在狄拉克、薛定谔发展波动力学和量子力学的过程中起到了指导作用。

但是，玻尔认识到他的理论并不是一个完整的理论体系，还只是经典理论和量子理论的混合。他的目标是建立一个能够描述微观尺度的量子过程的基本力学。为此，玻尔提出了著名的"对应原理"，即宏观与微观理论，以及不同领域相似问题之间的对应关系。对应原理指出经典理论是量子理论的极限近似，而且按照对应原理指出的方向，可以由旧理论推导出新理论。这在后来量子力学的建立发展过程中得到了充分的验证。玻尔的学生海森堡在对应原理的指导下，寻求与经典力学相对应的量子力学的各种具体对应关系和对应量，由此建立了矩阵力学。对应理论在狄拉克、薛定谔发展波动力学和量子力学的过程中起到了指导作用。

20世纪30年代中期，开始出现了许多由中子诱发的核反应，迫切需要一种合用的核模型，玻尔提出了原子核的液滴模型，对一些类型的核反应做出了说明，相当好地解释了重核的裂变。

1943年，在纳粹占领下的丹麦，玻尔面临作为人质被逮捕的危险，便不得不逃离丹麦，经过瑞典转去英国和美国，而且马上参加了制造原子弹的工作。在原子弹尚未试验之前，玻尔就看到原子武器可能给人类文明带来的灾难。他指出，如果原子能掌握在世界上爱好和平的国家手中，这种能量就会保障世界的持久和平；如果它被滥用，就会导致文明的毁灭。

1945年二次大战结束后，玻尔回到饱经劫难的丹麦，他为恢复丹麦的科学研究努力工作，为全世界和平利用原子能进行呼吁，为促进各国科学之间的国际合作不断做出努力。他是目前欧洲最大规模的国际合作组织欧洲原子核研究中心的发起人之一。

1962年11月18日，玻尔因心脏病突发而逝世。

玻尔的一生得到过很多荣誉，除诺贝尔物理学奖外，还获得过英国、挪威、意大利、美国、德国、丹麦给予科学家的最高奖赏。得到各种学术头衔、名誉学位，会员资格比任何一位同时代的科学家都多。他热爱祖国，以他的决心和胆识，谢绝各种外来的高薪聘请，在一个人口不到五百万的丹麦国建立起物理学的国际中心，把哥本哈根建成了物理学家"朝拜的圣地"。他的一生就是不断地进取和创造，为后来人树立了光辉的榜样。

从天而降

科学的方法和少量的练习就能使你迎接这四个用硬币和石块做的关于移动和平衡的挑战。

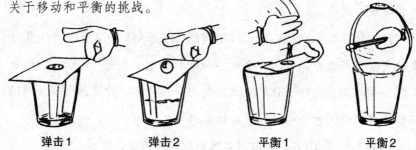

| 弹击1 | 弹击2 | 平衡1 | 平衡2 |

材料：水杯；纸牌；索引卡片或硬纸板；硬币；石块；纸条；棉花；沙子或薄棉纸；3厘米×15厘米的硬纸做的纸环；铅笔。

步骤：

1.**移动挑战1：**在杯口上盖一张卡片。卡片正中放一枚硬币。用食指从水平方向快速弹走卡片，使硬币掉入杯中。

2.**移动挑战2：**在杯子底部放入一些棉花、沙子或棉纸。在杯口上盖一张卡片，卡片正中放上一个石块，用食指迅速弹走卡片，使石块落入杯内。

3.**平衡挑战1：**将一纸条沿杯子的边缘平放，在纸条上放一枚硬币，使硬币平衡躺在杯沿上。抓住纸条的末端，一只手凌空对纸条一劈，另一只手迅速将纸条从硬币下抽走，使硬币仍在杯沿上保

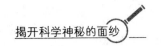

持平衡。

4.平衡挑战2：用硬纸做一个纸环，将该纸环垂直放在杯子上，在纸环的顶部放一枚硬币，使其保持平衡。用铅笔敲击纸环的内侧，使硬币落入杯内。

5.要试多少次，才能成功地完成这些实验？哪个实验最难？为什么会最难？

话题：解决问题　力

这个活动是以所有物体共有的特性——惯性为基础的。牛顿的第一运动定律认为，除非受到外力的作用，运动的物体仍将保持原来的运动状态，静止的物体仍处于静止状态。如果外力作用非常快，物体的惯性将使它不受外力的影响——就像一些老魔术师在魔术表演中把桌布从碟子下面抽出来一样。例如：一枚位于水杯上面扑克牌或索引卡上的硬币处于静止状态。通过快速移走卡片，能够产生足够大的动力（使物体运动的力）使硬币落入杯中。这是因为硬币本身的惯性阻止它向旁边移动，当硬币失去支撑物时，在重力的作用下，它就会落入杯子里。卡片的运动速度越快，这个实验就越容易获得成功。如果卡片被很慢地抽出，那么硬币就会随卡片一齐运动。物体的质量越大，它的惯性就越大。

音乐DIY

用八个装着水的瓶子做乐器进行弹奏。当你的演奏技巧真正很高超时，可以在盛大的场合下举行演奏会！

材料：8个种类、大小相同的玻璃瓶子（在使用前，应用洗涤剂和热水进行清洗）；水；铅笔；简单的乐谱——任选。

步骤：

1.在三个瓶子中装入不同量的水（即：小半瓶水，半瓶水和多半瓶水）。用铅笔轻轻敲击每个瓶子。试着敲击不同的部位，瓶子会发出什么样的声音？将瓶子根据所发声音音高不同，按由低到高的顺序进行排列。音调最低的瓶子中有多少水？音调最高的瓶子中有多少水？

2.现在向每只瓶子的瓶口吹气，瓶子会发出什么声音？它们所发

出的声音还是按照由低到高的顺序排列的吗？

3.向每个瓶子的瓶口吹气，来演奏这个由八只瓶子组成的乐器。调音时，先把第一只瓶子里面几乎装满水。第二只瓶子中水面的高度要稍低于第一只瓶子。这样就能弹奏出比第一个音阶稍高的音。接着将余下瓶子中的水面依次降低（如图示），直到生成全部音阶。每只瓶子的一边有一个比自己音高的瓶子，另一边有一个比自己音低的瓶子。

4.试着演奏几支简单的歌曲。试着演奏这首加拿大民歌：GFEEFCFECC（低音）GFEEFCFEC 你能写一首歌，让其他人能正确的弹奏出来吗？

话题：声音　解决问题

要想改变这个自制乐器的音高（声音的高低），可以变换一下瓶中水面的高低。音调的高低还受到瓶子形状和制作材料的影响（光面玻璃制成的瓶子发出的声音比印花瓶子的声音要清亮、纯净）。总的来说，质量越大，音高越低；质量越小，音高就越高。

当你用铅笔敲击瓶子发出声音时，这个乐器就像木琴一样。木琴是由一排大小不一的木板构成的，弹奏时用两根特殊的小棒击打木板。我们的这个自制乐器用装水的瓶子代替了一块块木板。当你轻轻敲击瓶子时，水的振动便会发出声音。

如果你向瓶口吹气，就会听到不同的声音。因为此时发出振动的不再是水。瓶中未盛水的部分叫作"共鸣腔"，里面充满了空气。当你向瓶口吹气时，空气开始振动，发出声波，如果共鸣腔大的话（瓶子中只有少量的水），空气振动的速度慢，发出的声音很低。如果共鸣腔小的话（瓶中几乎装满了水），空气振动的速度快，发出的声音就会很高。

泡泡吹吹吹

肥皂泡不仅在科学实验中发挥了巨大的作用，而且在平常的生活中，它也给人们带来了许多乐趣。你能吹出多大的肥皂泡？你会做多少种吹泡泡游戏？

材料：干净的洗涤剂（快乐牌的最好）；水；大碗，金属丝；木棍（大约15厘米长）；线盘（如蛋糕盒）；麦秸；细线；削尖的铅笔；甘油——任选（药店有售）。

这是一个在冬天玩的泡泡游戏：当室外非常寒冷而且无风时，用金属丝绕成一个圆环，轻轻地吹出一个大泡泡。握住圆环，不要把泡泡吹跑。如果温度够低的话，薄薄的泡泡很快就会开始凝固，一些小的结晶体在泡泡表面开始慢慢形成，直到泡泡完全凝固。这样，一个非常薄的结晶体冰球就制成了。

步骤：

1.先调制能够吹出好泡泡的溶液。吹泡泡的乐趣一半在于实验的过程。通常情况下，当洗涤剂和水的比例为2：6时，能够达到最好的效果。如果用甘油（甘油能吹出更好的泡泡），就应该用2份洗涤剂，6份水和1到4份的甘油。

托马斯·德渥尔爵士曾吹出了一个保持了108天的泡泡，物理学家埃菲·普拉斯特尔甚至吹出了一个340天才灭的泡泡！

2.练习吹泡泡的基本技巧。可以用简单的金属环吹泡泡。把一段金属绕成一个圈，在其中一端留下较长的金属丝，把另一端绕在它的上面做成手柄，这样，一个泡泡环就做成了。现在你可以练习用泡泡环吹出大小不同，形状各异的泡泡了。

3.掌握了基本技巧之后，试试下页的泡泡游戏，你能想出其它的游戏吗？

4.变化：与其他组进行吹泡泡比赛。尝试进行不同种类的吹泡泡游戏，并对每一种游戏进行计时（如在三分钟之内完成一个游戏），使比赛气氛真正热烈起来。

话题：解决问题　原子　力　光

泡泡是由于水的表面张力而形成的。水面的水分子间的相互吸引力比水分子与空气之间的吸引力强。这些水分子就像被黏在一起一样。但如果水分子之间过度黏合在一起，泡泡就不易形成了。肥皂"打破"了水的表面张力，它把表面张力降低到只有通常状况下的1/3，而这正是吹泡泡所需的最佳张力。

水的蒸发很快。水蒸发时，泡泡表面一破，泡泡就消失了，因此，在泡泡溶液里必须加上一些物质，防止水的蒸发，这种具有收水性的物质叫作吸湿物。甘油是一种吸湿液体，它与水形成了一种较弱的化学黏合，从而减缓了水的蒸发速度。

当肥皂泡完整时，它看上去相当漂亮。光线穿过肥皂泡的薄膜时，薄膜的顶部和底部都会产生折射，肥皂泡薄膜最多可以包含大约150个不同的层次。我们看到的凌乱的颜色组合是由不平衡的薄膜层引起的。最厚的薄膜层反射红光，最薄的反射紫光，居中的反射七彩光。

开心吹泡泡

简单的泡泡：用金属丝制成大小不一的圆环，用它来吹泡泡。你能吹出的最大的泡泡有多大？最小的呢？你吹的泡泡最长能持续多久？能飘多高？试着把金属丝绕成不同的几何形状，如菱形、八字形。此时吹出的泡泡又是什么样子的？

半球形：用一些肥皂泡液把浅平锅面打湿，把麦秸的一端在溶液中浸湿。把麦秸的另一端稍微离开锅面，轻轻地吹气。吹出一个有乒乓球一半大小的泡泡之后，再轻轻地抽走麦秸。试着先用湿手指，再用干手指轻触肥皂泡，看看会发生什么情况？

吹出几个半球形泡泡，并把它们按照两边小，中间大的顺序排列起来。

环带形

分裂：分裂即把大原子分成小原子。

这个泡泡游戏是分裂的一种模式。把一个泡泡分成两个。

融合：融合即把小原子联合成大原子。

这个泡泡游戏是融合的一种模式。把两个泡泡联合成一个。

小的半球形泡泡含在大的半球形泡泡中：

使用吹半球形泡泡时的方法，但在吹完第一个泡泡后不抽走麦秸，而是把麦秸拖到肥皂溶液里继续吹。你能吹出多少个这样的泡泡？

大泡泡包小泡泡：先把15厘米长的一根小棍插入地面，再把金属丝的一端绕在小棍上，另一端绕成一个直径为10厘米的圆环，把圆环浸入肥皂溶液里，在圆环上吹出一个大大的泡泡，随即把麦秸放入肥皂液里浸湿，再小心翼翼地把麦秸插入大泡内，吹出一个小泡泡。

泡泡框：要做一个泡泡框，先把一根长的麦秸剪成两小节，再用一根半米长的细线把麦秸连成一个矩形框，把细线打好结，放在麦秸内藏好，把框浸入肥皂溶液，然后小心地拿出来。这样，

一个肥皂薄膜窗就做好了（如果肥皂液不能留在框上，试试更粗或更细的线）。把肥皂框对准阻光，你能看见七色彩虹吗？旋转长框，看看能创造出什么样的形状。可以用不同大小的框做实验。

难上加难：用两个泡泡框，能做出什么形状？

试着把两个泡泡框放在一起，然后再慢慢把它们分开，或把一个框慢慢穿过另一个框。

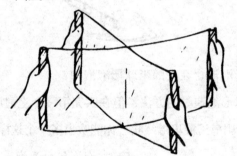

把手穿过泡泡窗：让别人拿着泡泡框，试着把你的手慢慢穿过肥皂薄膜。如果一切情况正常，可以一直穿到肘部，通过实验寻找什么是"正常"情况。提示：润湿手和胳膊或许有帮助。

泡泡圈：怎样才能做出一个完美的泡泡圈呢？把细线的一端做成一个圆环，另一端如图所示系在泡泡框上。把框浸入肥皂液，随即取

出。用铅笔尖戳穿圆环内的薄膜。由于细线四周的肥皂膜分子对细线均匀用力，所以我们可以看到一个完美的圆圈。

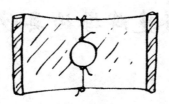

用泡泡框做超大泡泡：把泡泡框放在腰下一臂长的位置，就可以做一个超大泡泡，把泡泡框向上朝自己身体的方向拉过来，不要拉得太快。移动泡泡框时，泡泡就会开始成形。如果要使泡泡封上口并飘浮起来，可以在向上摇动泡泡框的同时，把两根麦秸合到一处。这种技术是需要大量练习的。

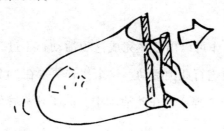

注：当泡泡破裂时，你要向后站。因为它破裂时力量较大，肥皂泡溶液可能会溅到你的眼睛里。

搭建牌塔的奥妙

你能建一个多高的牌塔？你的高层建筑物能有多稳？做下面这个建筑比赛，你只需要一副扑克牌就行了。

材料：一副或几副完整的扑克牌。

步骤：

1.几个人合作可以出色地完成这项活动，不过，也可以一个人独立完成或分组进行此项活动。这个比赛要求在20分钟内，用一整副扑克牌建造一个牌塔。在此活动中，除了扑克牌外，不允许使用其他材料。

2.如果在建造期间，牌塔倒塌，可以重新开始（但仍然继续计时）。

3.在20分钟限制时间结束时，可根据高度和创造性评判牌塔的好坏。在第一种评判办法中，裁判测量后最高的塔获胜。在第二种评判办法中，由大家投票来决定最有创造性的塔。

你曾试过"心读"吗？叫一个人想从1到9之间的任意一个数。假设这个人选择了6，叫这个人在心中、用3乘上他所想的数字（对于这个例子，答案是18），然后叫他在乘积上加1（现在，得数为19）。接下来，让他用3乘上最后的总数（这个例子的答案是57），接着在乘积上加上最初的那个数字（在这个例子中，最终结果为63）。这个人只告诉你最后的得数，这个数的个位会总是3。忽略3不计，告知这个人他正想的数是6。这个办法对1—9的任何一个数字都适用。

话题：解决问题　力

建造牌塔是一个娱乐性游戏，同时它也具有相当的科学性。牌塔的建造必须考虑到牌的形状和质量，以保持牌塔的平衡。建筑过程中包括设计和建造一个能支撑塔身的塔座。

三维空间结构

试着用不同的办法把一个平面上的图形制成三维结构。

材料： 纸；铅笔；剪刀；胶水；胶带。

步骤：

1.按照本页图示，组建一些三维模型：几个立方体，一个四面体，一个八面体和一个二十面体。

2.扩展活动：你能想出其他可以制成三维结构的图案吗？

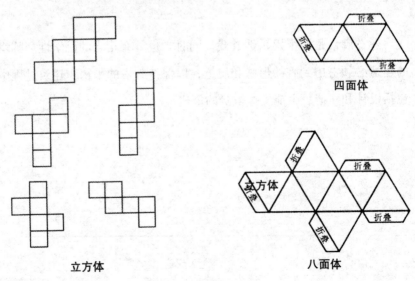

四面体

立方体

八面体

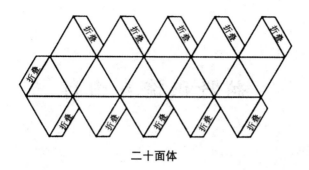

二十面体

话题：解决问题

我们周围的世界处于三维空间中——物体有长度、宽度和高度。一个平面或表面——如一张纸——是二维的（它只有高或长和宽）。你在纸上画的线是一维的，因为它只有长度。"体"是三维的几何图形。体的面数不同。如四面体（tetrahedron）有四个面（"tetra"的意思是"四"）。八面体有8个面。二十面体有20个面。希腊人用体来代表他（她）们认为组成这个世界的4个要素：立方体代表土；四面体代表火；八面体代表空气；二十面体代表水。

越野识途自由行

如何到达那里呢？一本科学兴趣教程会教会参赛者沿着一条越野路线前进，并在沿途各站做一些科学实验。

> 越野识途比赛中使用的一个好的罗盘由四部分组成：罗盘壳表面（注明度数和基本方位：东、南、西、北）、磁针、罗盘壳底部（带有指南箭头）和底板（带有"行进方向"箭头）。

材料：标示物（用木头或硬纸板做的标记）；罗盘；越野地图或几组指令；纸；铅笔；科学活动所需的材料。

步骤：

1.选择一块大致的区域，作为越野比赛的地点———一片户外的树丛或楼房中的一些房间，应该明显地划出这块区域的边界，可以使用一些自然的特征或界标来指示边界。

2.选择5—15个"站点"（视参赛者的能力和规定的时间而定），每个站点设有指示站点号码和说明参赛者在站点所要进行活动的标牌。让参赛者在每个站点做一个科学实验游戏可能是非常有趣的（使用本书中的简易活动部分的游戏）。参赛者可以把他（她）们在各站收集的资料记下来。

3.选定站点后，决定是给参赛者提供一组指令还是一张地图，在每种情况下，都要清楚地标明起点和目的地，对于初次参加此项游戏的选手，所以给他（她）们一些提示（如你看见旗杆了吗），以便使他（她）们知道他（她）们选择的路径是否正确。

4.如果给参赛者提供的是一组指令，那么先要决定各站点的次序，测量一下各站点之间的距离，用步丈量出各站之间的距离会更容易些（一步是正常走路时两脚跟间的距离），然后想好指令。

基本上，越野识途比赛就是需在最短的时间内，找到正确的路线并到达预先的目的地，在这个过程中，要理解给出的指令，读懂地图，用罗盘找出方向，并要测量距离。

5.有各种不同发出指令的方法："向北走20步，向西走15步"；"向西北走15米；""向北走10米，向东转30度，再走12米"；"向北走15米，在橡树上，找到说明"或"向北走20米，在树上找到说明，如果这棵树是橡树的话，向东转30度，走到停车场，如果是枫树，则向东转75度，走到大鹅卵石处"。

6.如果给参赛者提供地图，地图上应该明显地用圆圈标出各个站点，标出方向（上北下南左西右东）和橡树、楼房、河流等重要特征：参赛者要自己设计到站点的路线，使用越野地图的一般程序是：把罗盘底板的边缘沿着要走的路线（联结现在的位置和下一个目的地）放好，使"行进方向"箭头对准要走的方向，把罗盘的底板紧按在地图上，不管磁针，旋转罗盘壳，使罗盘壳底部的指向箭头与地图上的南北方向平行，这样罗盘就安置好了，最后，使"行进方向"箭头指向正前方，在身体前面握住罗盘的杆，转动你的整个身体，直到罗盘磁针指北的那部分盖住了罗盘壳底部的指向箭头为止，此时，"进行方向"箭头指示的就应该是你的目的地了。

7.参赛者可以组成或单个的跑完越野识途赛的全过程，在起点上发给每人一个罗盘、纸、铅笔，一组指令或一张标好站点的地图，参赛者可以在同一地点间隔固定的时间出发，或从不同的站点同时出发。

8.记录下参赛者完成全程所需的时间，最高的得分是100分，找到所有的站点，正确做完所有题且速度最快的选手得100分，其他选手，每比冠军迟到一分钟，每落下一个站点，或每做错一道题，都要被罚掉固定的几分。

制图；测量　解决问题

基本上，越野识途比赛就是需要在最短的时间内，找到正确的路线并到达预先的目的地，在这个过程中，要理解给出的指令，读懂地图，用罗盘找出方向，并要测量距离。

越野识途比赛非常具有挑战意义，对于初次参加这一活动的选手来说，如果在熟悉的小范围内，按照给出的指令搜索路线会是很容易做到的。沿途的各站点是按一定顺序排列的，重点在于理解指令和判断方向和距离上。越野识途比赛中更高级的一种办法是让参赛者依照地图上画的一系列的圆圈，在一块不熟悉的区域中寻找道路，参赛者根据地图提供的信息，在圆圈（各站点）之间选择自己的路线，重点要放在路线的选择和计划上。

　　试着做一些"罗盘热身"训练：①面对360度方向走30步，转向90度方向走30步，转向180度方向走30步，转向270度方向走30步，得出一个什么形状的几何图形？②转向120度走30步，然后转向240度走30步，最后朝360度方向走30步，现在你走出了什么图形？

　　　　　蒙上双眼，试着在一个水平面上沿直线走，重复做几次后，让别人告诉你容易偏向哪一方向，大多数人都会固定地偏向左方或右方（背着背包的人由于背包的重量，会偏离得更远）。这就是为什么迷路的人会绕着一个圈子转，而他（她）们却认为自己是在沿直线前进。

水珠跑跑跑

用简单的东西做实验，也是会令人感到非常兴奋的，水可以四处流动，蜡纸很光滑。把这两样东西放在一起，可就要看你的技术和速度了。

材料：水；几张蜡纸（30厘米×36厘米）；打孔机（或尖铅笔）；钝铅笔；钢笔或其他圆头的物体（用来在蜡纸上划线）。

步骤：

1.先做一些准备练习。展平一张蜡纸，小心地在蜡纸上面滴一颗水珠。握住纸的两端，把纸拿起来。前后倾斜蜡纸，观察水珠四处滚动，你能使水珠滚多快？你能控制好水珠，使它不从蜡纸的边缘滚落下去吗？

2. 在蜡纸上划出一条"小路"，让水珠沿着它滚动。可以用钝铅笔、钢笔或其他类似物体在蜡纸上划出这条路径。各条线之间应该相距4厘米。在纸的中间位置剪或打一个圆孔，大小以能

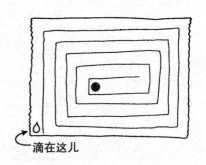

滴在这儿

使水珠从中间滚落为准。

3.使水珠用最快的速度沿着划出的路径运动，使水珠始终位于线内，最后让水珠从小孔中滚落。

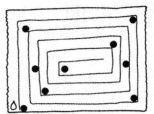

4.扩展活动：做一个更难的水珠赛跑游戏。在沿途打几个洞，设置陷阱，使路况变得更加复杂。

仔细观察下列数字：

21　24　22　25　23　26　24

接下来的三个数字应该是什么？

答案：接下来的三个数字是27，25，28。简单地说，这种排列的结构是加3减2。即在第一个数字上加3，得到第二个数字，从第二个数字上减去2，就得到了第三个数字，依此类推。

话题：解决问题

大多数人对蜡纸并不怎么感兴趣，但是却可以用蜡纸来做一个可以与任何现代电子游戏的刺激性和难度相媲美的游戏。这个游戏利用了蜡纸不沾水的特性和它容易使水滚动的特点。

情景再现

科学奥运会

探索科学这个主题包括"情景再现"活动。你可以用几天时间，或者专门抽出一天，以科学奥运会的形式把这一系列的活动完成。

科学奥运会包含广泛的科学领域，它侧重在对解决问题能力的培养上。每个活动都把想象力、创造力，对科学的实际应用以及一些竞争精神融合到了一起。参加比赛或做裁判并不需要有特殊的与科学有关的背景。因为设计这项活动的目的就是为了让大家从中获得乐趣。

选取下面的活动作为科学奥运会的内容是因为它们比较适合团体比赛。本书中其他部分的活动在改动后也可以作为科学奥运会的内容。总的来说，各项活动的安排是使脑力劳动和体力劳动穿插进行的。其中有些活动是在参赛者以前参加过的活动上增加了难度。

可以组织一次大规模的科学奥运会，使各组在所有的项目中一争高低或者使各组循环交手。理想的情况是每队由五人组成，但也可以根据实际情况，改变人数的多少。完成每项活动的时间为半个小时到一个小时之间。当下面的活动都做完后，让参赛者做制模大赛或速成立体海报两项活动，作为科学奥运会的结束。这两个活动可以掀起高潮，打破平局。

在进行科学奥运会之前，必须准备好所需的材料，制定好计划。裁判应该对这些活动非常熟悉，并告知参赛者关于比赛的各项事宜。每项活动的满分为100分，并且备有详细的评分标准。

比赛的目的是让大家获得乐趣，所以不用对比分的高低斤斤计较。贵在参与，发给每位参赛者一件纪念品。获胜者应该得到特殊的奖励，但奖品不用太精致昂贵。在结束时，可以举行颁奖仪式。在颁奖仪式上，公布单项比赛的冠军和总冠、亚军。也可以按年龄段给各选手打分。奖品可以包括绶带、证书、勋章、赠送杂志或庆祝餐。

让人叹服的鸡蛋赛跑

参加接力赛跑的队员携带鸡蛋跨越障碍，能在最短时间内测出最为精确的鸡蛋体积的一方获胜。

材料：量杯；几桶清水；鲜蛋；障碍物（可以由盒子、椅子、呼啦圈、梯子等组成）；纸；铅笔；秒表或可以精确到秒的表。

步骤：

1.摆置障碍。检查鸡蛋确保它们可以完全浸于水中。鸡蛋如果不新鲜则会浮于水中。

2.每组接力队由5人组成。参赛队同时出发。当一组中第一个人开始接力赛时，秒表开始计时。

3.第一名队员：把鸡蛋传送到20米外的另一名队员。你可以拿着鸡蛋跑，也可以抛掷鸡蛋或是滚动它。但是一旦鸡蛋破碎，你就必须重新拿一个好蛋，同时，你要被处以10秒钟停跑处罚。

4.第二名队员：用量杯和水来测量鸡蛋的体积。往量杯中注入一定量的水，使鸡蛋既完全淹没于水中，又不会使水溢出杯外。从鸡蛋没入水后的新水位线中减去原始水位线，则会得到鸡蛋的容积。（当水位落于两个刻度线之间时，可以取估计值或以插值法求值）。把所测值记在一张纸上，并将纸折叠两次。

5.第三名队员：等候在第二名测量队员帝边。等到第二名队员获得测量值后，第三名队员拿着记有测量值的纸条和鸡蛋跑过一个障碍，把它们送给第四名队员。

6.第四名队员：在第二个测量站等候第三名队员到来，然后重复一遍测量过程。在被折叠了的纸外写下新的测量值。注意不允许看记录在纸内的第一个测量值。

7.第五名队员：在第二个测量站等候第四名队员测完后，携带鸡蛋以及记有测量值的纸条，跑20米到终点。看两组测量并取平均值，最后把鸡蛋与平均值一起交给裁判。裁判接过鸡蛋的同时，秒表定时。

8.裁判重新测量鸡蛋体积，并且记录下自己与参赛队员测量值的百分比差。（从裁判测值中减去该队测值，所得结果被裁判所测值除，然后再乘以100，得此差值。）

9.最高分为100分，其中50分给跑的最快的队。以后各队每比它慢一秒钟则从50分中减去1分，另外50分给在本队与裁判的测值间差值最少的队，而比它差的队则要从这50分中，每差百分之一，减去2分。

话题：测量

在科学测量中的两种可能出现的误差：1.量杯的精确度不够。2.每一个人从同一个量杯上读出的值可能不同，科学家们往往通过反复测量以及取平均值的方法来减小这些误差。

"高耸入云霄"

构建一个独立的框架，使它在离地一米的情况下仍能支持自身重量。可以支持住最大重量的参赛队获胜。

材料： 稻草；大头钉；回形针或松紧带；剪刀；米尺；一套重量不等的物体。

步骤：

1.这个框架是用稻草做的。稻草可以以多种方式连接起来。可以将一根稻草末端压入另一根稻草内部，从而组成一根长稻草；也可使用大头针或胶带把稻草连在一起；当然也可以在稻草切口处用松紧带绑起来。或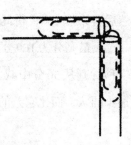如图所示以回形针相连接。参赛者既可以选用被提示的连接方式，也可以选用自己认为合适的方式。

2.发给每组30根稻草，并可以使用其他材料。注意：对于一个年轻的高楼建筑师来说，30根稻草或许太少了。每队应在20分钟内完成此项工程：独立结构，离地1米，并能够支撑住一定重量。

3.时间一到裁判进行检查。在离地一米远的前提下，哪些设计可

以支撑住最低限度的重量？在这些通过的设计中，哪一组设计又可以
支撑住最大限度地重量？（不断增加重量，一直到只有一组设计结构
没有坍塌。）最高分为100分。可以支撑住最大重量的队获胜。各参赛
队根据各自的设计结构优劣来排名次。也就是说，设计出最稳定结构
的参赛队获100分，较之稍差的一个队则要少得10分，依此类推。

话题：解决问题　力

你是否观察过正在修建中的房屋结构？在砖或外墙板下面，有一个
木横梁结构——房子的骨架。一个结构必须具备力量和稳定双重因素。

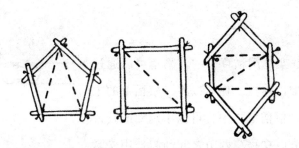

在示范图中稻草组成了什么？虚线表明你必须使每一组设计结构
都稳固。（例如：当触摸时，设计结构不会前后倾斜。）如果你观察得
仔细，你会发现，每一种设计结构都能被分成三角形。三角形是一种
稳定的图形结构，它也是建筑既坚固又稳定的关键。当一个外力被插
入三角形时，三角形各边将会一起支撑它。在本竞赛中，首应强调稳
定性。而关键则是构建一个不会倒塌的高大坚固建筑物。

框架式结构

本活动的目的是设计一个可以支撑一满杯水的框架。以最少的稻草支撑此满杯水的结构设计者获胜。

材料：稻草；别针；胶带；回形针；松紧带；泡沫或塑料杯；直尺；剪刀；水。

步骤：

1.此框架是用稻草做的。稻草可以通过多种方式加以连接。你可以将一根稻草的末端插入另一根稻草之中，可以用别针或胶带连结；也可以在稻草两节之间凸起处用松紧带连结，还可以按照图中所示的方法用回形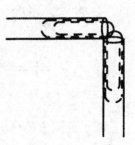针来连结。总之，参赛者可以选用任何一种方法，包括上文提到的，也包括自己所能设想到的。

2.发给每组一杯稻草（用剪刀把稻草秆剪开），在25分钟内设计一个可支撑离地至少5厘米远的装满水的杯子的框架。参赛可以设想每根稻草的价值为1000美元，因此也就可以尽可能地节约使用稻草。

3.在设计过程中，每组可以仅用半杯水来试验。各组要独立设计，不要观看其他组的设计。用半杯水试验将有助于参赛者在设计中及时掌握设计的不足之处。尽管如此，参赛者仍要充分利用自己的判断估计在满杯水的情况下，自己设计的效果。

4.用最少的稻草，支撑住了离地面至少5厘米远的一满杯水的设计者获胜。获胜队得满分100分。使用第二少的稻草完成此要求的队得90分，以此类推。不能支撑住水的设计队将获50分或20分，最低分为20分。

话题：解决问题　力

建筑物的框架是它的强度和稳定性的保障。在设计中，强度尤为重要。因为稻草是被用来支撑一满杯水的重量的，而每根稻草具有相同的强度，所以构建此框架的关键在于找到一个尽可能利用每一根稻草的支撑力，又使两根稻草合起来支撑所加重量的参数。

救生筏知我心

每个参赛队用纸或铝箔设计构建一个救生筏。能够承受住最大重量，而且在一桶水中也不会下沉的救生筏获胜。

材料：纸或铝箔；砝码；胶带；一大桶水。

步骤：

1.筏艇建造竞赛的目的是构建一个可以尽可能支持最大重量而不会下沉的救生筏。每组用15分钟进行不同筏艇设计。纸张或铝箔的尺寸要相同，所以绝不允许把纸张裁小或用带子相连。除此外可以根据不同构想，使用任意数量的纸张来进行不同设计。救生筏可以这样折叠：把一张纸（或铝箔）的四周分别折起，在四角处折叠，并以胶带将之黏合。

2.在比赛正式开始以前，不允许参赛队对设计进行试验。应该在比赛前仔细考虑每一种设计的利弊，并根据预测到的可能出现的问题做好修改。然后只选择一种设计方案参加比赛。

3.当造船的时间结束后，开始比赛。裁判同时检验所有设计筏，向各设计筏中逐渐增加重量，直到有设计筏开始下沉。注意，增加重量时要保持筏体平衡。最高分为100分。能够支撑住最大重量的筏获胜。而该筏设计队则为获胜队。也就是说，设计最好的救生筏的队为优胜，获100分；依次每一个比前队差些的队就比前队少得10分。

4.哪一种设计最好呢？在比赛后，再检验一下那些没有参加比赛的设计筏，将是很有趣的事，它们中会有比参赛筏更好的设计筏吗？

话题：解决问题　力

本次活动的指导思想是考虑不同的筏艇设计。在折叠纸边时，如果只折几厘米，小筏将又长又宽却不深；如果折叠很多，小筏则会又短又窄却很深。而本活动目的是判断一下哪种设计筏性能最好。是宽而浅的筏呢？还是窄而深的筏？或介于两者之间的设计筏？

纸拱桥的奥秘

每组设计并制作一个用报纸做的桥。能建造出承受最大负荷的桥的人为优胜者。

材料：报纸若干；回形针；胶水；订书机；剪刀；直尺；不同重量的一组重物。

步骤：

1. 分给每组5整张报纸。参加者可以随意使用上述剩余的材料。

2. 每组有25分钟时间用于设计及制作，不允许先行制作，纸桥不能搭在任何诸如桌椅之类的物体上。它的跨度必须为1米。用于测试纸桥强度的重物须放在拱形中心处。

3. 每组选两名组员把住桥的两端并把它举离地面。也可以把桥放在两个椅背上，评定人连续把不同重物放在拱桥中心。桥所能承受的最大负荷就是桥所承受的不能倒塌的重物的重量。

4. 最高分为100分，能承受最大负重的桥是比赛的优胜者。每组按所制的桥评定成绩。也就是，最好的桥得100分，次好的得90分，以此类推。澳大利亚的钢质拱形"悉尼港大桥"是世界上最重最宽的桥之一。桥上共建有2条火车铁轨，8条汽车道，1条自行车道和1条人行道。

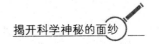

话题：飞行　解决问题

　　该活动的关键在于设计与制作一个沿桥全长有效分配重量的桥，桥有多种设计方式。有些很古老的桥是拱桥。罗马人建造了最早的拱形桥，他们用石块或砖块建桥面。砖质拱桥从砖块之间的互相挤压中获得强度，砖块常被做成楔形。在弧形中间的砖块因为其重要性被称为"拱顶石"。拱顶石常大于它两边的砖块并得到它们的支撑。这就排除有重载通过时，它被挤出的可能。拱桥本身有向下的重压，重物通过时也有向下的重压。拱桥的形式把向下的压力转变成沿着拱形向上的支持力。"桥台"即拱形两端的墙面必须能承受它所受的压力。拱桥既安全又结实，它的跨度可长达60余米。

测试纸飞机的飞行

参加者制作一个纸飞机，参与下列4个项目的比赛：高空飞行持续时间，飞行距离，击中目标的准确度，空中特技表演。

材料：信纸大小的纸片若干；50厘米长的条形不透光胶纸；剪刀；直尺；秒表；卷尺；靶子。

步骤：

1.此游戏既可个人参赛又可以集体参赛。如个人参加，所有个人平均得分即为小组得分。

2.发给每个参赛者5张纸和一条不透光胶纸，剪刀直尺可在必要时取用。每人在15分钟内设计并完成一个飞机模型，参加上述4项竞赛。

3.每项竞赛，飞机都须用手投掷。允许每个参赛者飞3次。每个项目计25分，可以出现平局。整项比赛最高得分为100分。

4.高空飞行持续时间：用秒表计下飞机在空中停留的时间，允许由高处放飞飞机以使飞行能更壮观（飞机能比平时多飞5到10倍的距离）。在空中停留时间最长的得25分，停留长时间者得20分，以此类推。

5.距离：计量从起飞点到着陆点的直线距离，飞行最长距离的飞机得25分。其余飞机按飞行长度以5分递减，即得20分，15分。

6.击中目标准确度：参赛者可设定离放飞点5米处的物体（如椅子）为目标。飞机自动击中目标物得25分，在预定距离以内降落的飞机得分要减少，从25分中以5分为单位扣分（例如飞机在距目标物0.5米处触地得20分，1.5米处触地得15分，以此类推）。

7.空中特技表演：纸飞机按其所演特技评分，评定人以飞机三次飞行评定该飞机得分。评定人可酌情打分。最高分为25分，开展这项比赛可有多种方式：飞机可以单纯地飞行；或者，参与者自行描述他们的计划从而评定他们是否完成了他们的计划；也可让评定人指定必须包括的特技。最后一种方式是最难的，它包括上下旋转飞行，漂亮的着陆以及绕特定物体飞行。

话题：飞行　解决问题

促使飞机长距离飞行的特征也能帮助它表演各种特技，在这4个项目的比赛中可用同一架飞机，但参赛者可以对飞机稍做调整，如通过调整飞机副翼、垂直水平尾翼、方向舵来使飞机完成每一个表演项目。

气球式火箭

　　每组必须制作一个可携带一张白纸飞行的气球式火箭，把白纸带得最远的火箭获胜。

　　材料：香肠形气球（所有气球须同一大小）几张信纸大小的白纸；10米左右的细线或钓鱼用丝线；吸管；胶带；剪刀。

　　步骤：

　　1.发给每小组几张纸，一个气球和一个吸管，备齐胶带，剪刀。

　　2.本活动的目的是制作一个能够携带纸片的气球式火箭。要使它能沿细线或钓鱼丝线飞行。每组有10分钟时间设计出最好的折叠纸片的方法并把它系在气球上；然后把气球拴在吸管上。各组不得在10分钟已完后再次改变其制作方法。

　　3.每一组轮流试飞该组的火箭，每组的2名组员可以拿着细线，或者把细线拴到柱子或椅子上。每组派一个组员把细线一端穿过试管并在特定的标记处释放气球内的空气。

　　4.火箭飞得最远的组得100分。以火箭飞行的不同距离划分成不同等级，上一等级的组比下一等级的组多得10分。

话题：解决问题 飞行 力

当气球内的空气逸出时，气体推动气球向前行进。气球式火箭的工作原理是牛顿的第三定律：对于每个作用力（在这个例子中空气从气球中逸出所产生的向后的力）它必存在一个大小相同的反向的作用力（气球被推向前进的力）。

这个活动不仅需要参与者考虑以最好的方式折叠纸片（用纸片做飞机或将纸片折成长细条形减少空气阻力），而且他们还必须考虑将气球连在吸管上的最好方式（气球不准和试管的全长粘在一起），因为当空气逸出气球时气球必定会收缩。当火箭内燃料烧时，热空气膨胀后从唯一的开口端——排气口以极大的速度冲击火箭。沿一个方向冲出的气体推动火箭向反方向运动。

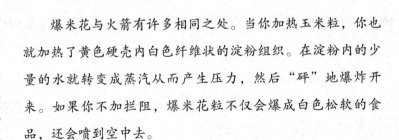

爆米花与火箭有许多相同之处。当你加热玉米粒，你也就加热了黄色硬壳内白色纤维状的淀粉组织。在淀粉内的少量的水就转变成蒸汽从而产生压力，然后"砰"地爆炸开来。如果你不加拦阻，爆米花粒不仅会爆成白色松软的食品，还会喷到空中去。

制模赛赛赛

　　每组制作一个某一区域的模型。成绩按下述4个项目进行评定：形体精度，对细节的考虑，给定材料的有效使用程度，创造力。

　　材料：卡纸若干；纸盒；纸板；纸杯；吸管；牙签若干；纸夹子若干；棉球若干；颜料；铅笔或其他可用材料。任选——直尺或卷尺。

　　步骤：

　　1.要制成模型的区域应该较小（如一个房间，一个房子及其周围的庭院）。每小组可以在该区域范围内走动并在一些特征物上或一些物体上做好标记。每组可以让某些组员负责对该区域的某些要做成模型的部分进行修复。

　　2.模型尺寸须大于人的头部而小于汽车。参赛者制作模型时只能使用一些特定的材料，或者可以按照自己的意愿选择材料。模型可根据参赛者的年龄与能力加以评定。

　　3.每组用半个到1个小时完成模型的制作，要鼓励参赛者尽可能把模型塑造得精细些。

　　4.最高分为100分，每个项目的最高得分为25分：形体精度（如建筑物以恰当的比例互相呼应，树在恰当的位置）；细节安排（如窗须有合适的形状、落叶乔木与常绿树形状要不同）；有效使用所给材料（如要用棉球来做树冠，而不是用卡纸来做树冠，牙签用来做窗框）；创造力（如参赛者做一个她或他自己站在一棵树旁的模型）。裁判根据自己的判断打分。得分最高的组获胜。

话题：制图

制作模型时，你用一个物体代表另一个物体，当你开始仿制时，你会意识到它有多么复杂。制作模型需要有创造力，并能有效地使用所给的材料，保证模型整体的精度，注意刻画细节。

立体海报快快快

本活动的目的是用固定数量的胶带制作一个挂在墙上的立体海报。按照4项标准打分，得分最高者获胜。

材料： 大幅白纸；胶带；铝箔；彩色美术纸；吸管；纸板；纸杯；牙签；回形针；棉球若干；颜料；铅笔以及其他现成的材料。

步骤：

1.发给每组一张纸，并告知所发材料的使用方法。

2.每组用30分钟时间制作一张立体海报。海报主题应与科学有关（例如怎样制作一个高效捕鼠夹，太空探索，需要我们保护的地球等）。

3.立体的形体可以从海报前面伸展出来，但不能超过纸的边缘。海报只能用四张4厘米长的胶带粘到墙上（每个角各黏一块）。参赛者不能在评定工作开始前张贴海报。

4.最高分为100分。海报首先要能挂起来，不能挂起来的先扣掉25分，接下来的评定根据视觉效应（25分）、创造性（25分）、技巧和材料的使用（25分）、是否贴近主题（25分）。

话题：交流

张贴海报是迅速简洁地传递信息的一种方法。附加的立体效果还可以使参赛者在面对诸多限制的同时，激发他（她）们的创造力。